ALCHIMIE DU TAROT

Des mêmes auteures

Ma fille vient des étoiles (2019), Maëva Maïre

Cinq contes et leur magie (Edilivre) (2013), Marie-Odile Dubos

ALCHIMIE DU TAROT

S'éveiller avec le thème tarosophique de votre date de naissance

Maëva Maïre & Marie-Odile Dubos

© 2022, Maëva Maïre
ISBN : 978-2-491386-02-3
Dépôt légal : juillet 2022
Impression : BoD - Books on Demand, Norderstedt, Allemagne

Tous droits réservés pour tous pays. La reproduction et la traduction, même partielles, de cet ouvrage sont strictement interdites.

Texte : Maëva Maïre & Marie-Odile Dubos
Illustration de la couverture : Maëva Maïre
Mise en page : Anne Guervel

Alchimie du Tarot : marque déposée auprès de l'INPI en date du 29/01/2022 sous le numéro 4838552

Je dédie cet ouvrage à mes bien-aimés,
Mon époux Christian,
Mon fils Nicolas et sa compagne Laetitia,
Ma fille Aurélie et son époux Pablo,
Mon fils Anthony et son épouse Nadia,
Mes petits-enfants : Joachim, Olivia, Yanis, Baya, Lucas et Théo
Et bien entendu à tous les passionnés de Tarot en quête d'évolution humaine et spirituelle.
Marie-Odile Dubos

Je dédie ce livre à mon mari et à mes enfants que j'aime profondément.
Maëva Maïre

Bienvenue

Bienvenue à toutes et tous sur les Étoiles de Vie pour un voyage initiatique de votre Être profond.

Maëva Maïre et Marie-Odile Dubos vous amènent à la découverte de vos forces, vos faiblesses et tout votre potentiel pour optimiser vos capacités, apprécier et développer vos qualités afin d'aller vers un bien-être et évoluer dans votre sphère spirituelle.

Rentrez dans la magie de vos Étoiles de Vie, calculées à partir de votre date de naissance. Pour cela, vous devez mettre de côté vos préjugés, vos a priori, vos raisonnements. Mettez-vous en contact avec votre Être intérieur, dans cet espace où vous pouvez vous autoriser à tout dire sans oreilles indiscrètes et sans jugement.

Dans une première étape, à partir de votre date de naissance, vous allez pouvoir calculer les lames du Tarot de Marseille qui apporteront des réponses dans différents domaines de votre vie : corporel, émotionnel et spirituel.

Dans une seconde étape, vous pourrez monter vos propres Étoiles de Vie. Dans les moments difficiles ou pour toute prise de décision, poser devant vous vos Étoiles de Vie et laissez l'énergie de chaque lame représentée, venir apporter sa sagesse et son enseignement afin de valoriser qui vous êtes, de vous fortifier et vous mettre en confiance face à la vie.

Précision importante :

Tous les thèmes qui ont la même date de naissance ne peuvent en aucun cas, contrairement aux apparences, être interprétés d'une manière identique car chaque personne, née les mêmes jour, mois, année, appréhende de façon très différente sa vie.

Chacune fera vibrer les énergies des lames de son thème en fonction de ses expériences, de ses compréhensions, de sa capacité à se remettre en question, de son ouverture d'esprit et du sens qu'elle donnera à sa vie. Chacun pouvant créer le meilleur comme le pire avec la même date de naissance.

La lecture de ces thèmes, pourtant identiques, sera complètement différente.

Bonne lecture, bons calculs et belle évolution.

Les auteures

Maëva Maïre

Hypersensible, « empathe » et médium depuis mon plus jeune âge, j'ai longtemps vécu cela comme une souffrance.

Ma rencontre avec le Tarot de Marseille sous sa forme « divinisante », c'est-à-dire qui a la capacité de nous mettre en contact avec notre âme, a été un merveilleux cadeau de l'Univers. Ce fabuleux outil m'a permis de mieux me connaître, d'apprivoiser mes forces, mes faiblesses et de prendre conscience de tous les trésors qui se cachent en moi.

Comme la Lame 12, je me suis mis la tête en bas pour regarder la vie, ma vie sous un autre angle et peu à peu mon âme s'est pacifiée.

C'est alors que j'ai choisi d'aider d'autres personnes, en quête de sens, à se redécouvrir, à guérir leurs blessures et à cheminer en paix.

Aujourd'hui, c'est avec un bonheur de chaque instant que j'aide tous ceux qui le désirent à passer du « jeu » au « je » pour enfin « être » grâce au thème tarosophique et aux peintures médiumniques.

Aujourd'hui, tel un peintre, je crée ma vie, jour après jour, en y mettant de magnifiques et lumineuses couleurs. Merci.

Marie Odile Dubos

Du plus loin que je me rappelle, je me vois comme une enfant toujours en quête du mystère derrière le personnage, l'image, l'oiseau, la nature.

Cette habitude m'a portée vers le Tarot de Marseille, arcanes aux enseignements cachés. Notre rencontre me poussa au-delà des limites du visible, de la pensée et du raisonnement.

Il m'amena vers des contrées spirituelles qui libérèrent mon imagination et mon intuition pour le bonheur de mon cœur et la paix de mon Être profond.

Aujourd'hui, le Tarot de Marseille, ses enseignements, continuent à m'apporter confiance en la personne que je suis, foi en la vie et en une Source Divine.

Dans mes consultations, j'aide les personnes à voir les belles âmes qu'elles protègent en elles malgré les parties sombres du « Soi », les vicissitudes de la vie et les difficultés rencontrées.

Mes ateliers ou stages, au fil du Tarot de Marseille et de la danse du mouvement intérieur favorisent l'émergence et la libération de l'Être profond, le pur, le beau, enfouis dans chaque cœur.

Je souhaite à tous et toutes de trouver votre juste place dans la société, la paix de votre âme et la joie de vivre.

Vocation du livre

Notre livre a vocation d'aide à une meilleure connaissance de soi. Il invite à chercher en soi les ressources présentes et puissantes pour un bien-être, mais ne remplace en aucun cas les diagnostics et les soins médicaux des spécialistes de la santé.

La source originelle de notre livre est basée sur le Tarot de Marseille. Cependant nous avons décidé d'utiliser comme support de travail « Mon Tarot » créé par Maëva Maïre et mis en lumière par Jules Pilon. Néanmoins, tout tarot de votre choix peut convenir pour réaliser le thème.

Vous trouverez à la fin du livre un lexique regroupant toutes les interprétations que nous donnons à des mots ou expressions associés au Tarot de Marseille et à la spiritualité.

Il est également mis à votre disposition, à la fin du livre, un exemplaire des Étoiles de vie à imprimer. Les étoiles et les emplacements des calculs ont été créés par Marie-Odile Dubos.

Nous précisons que par commodité nous avons choisi de limiter nos accords au masculin.
Ne voyez là aucun mépris ou ségrégation de la gent féminine dont nous, les auteures, faisons partie. Il s'agit simplement de faciliter l'écriture.
Merci de votre compréhension.

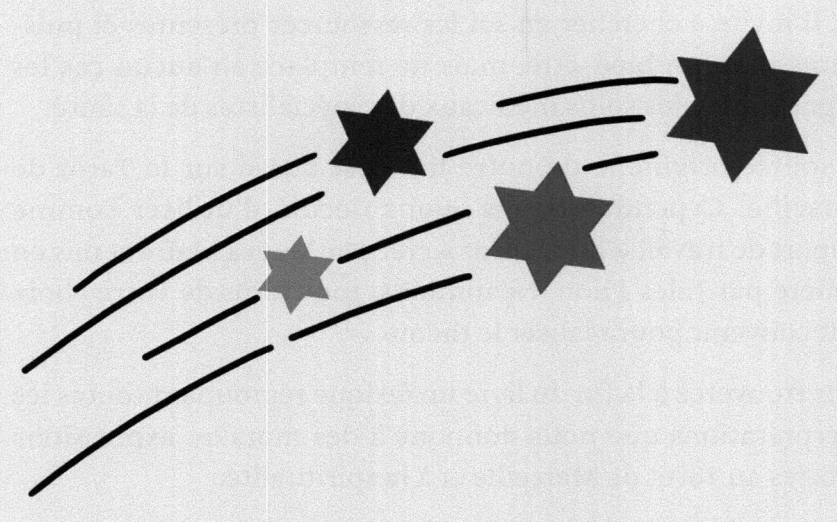

1

Étoiles de vie

1
Étoile humaine

Chaque lame révélée nous éclaire sur nos forces et nos faiblesses dans les différents domaines de nos vies. Le Tarot de Marseille, merveilleux outil de connaissance de soi, thérapeutique et spirituel, lève le voile sur l'image de soi, nos ressentis, notre état d'esprit. Les découvrir est un atout précieux.

Sphère humaine, définitions et calculs

1. **Image de soi : Arcane du jour de naissance.**

    Quand le jour de naissance est compris entre 1 et 22 inclus, on garde le jour tel quel.

    Cette lame représente vos valeurs, les lois sur lesquelles vous construisez votre image, celle que vous avez de vous et celle que vous donnez aux autres.

    Ex. : Le jour de naissance 17 représente l'arcane de l'Étoile.

    À partir du 23e jour, on additionne les deux chiffres pour réduire entre 1 et 22.

    Ex. : Pour le jour de naissance 23 (2 + 3 = 5), 5 représente l'arcane du Pape.

2. **Ressenti, émotionnel : Arcane du mois de naissance (entre 1 et 12).**

   Cette lame représente vos moyens, vos capacités à ressentir vos émotions, à les canaliser et à les gérer. Elle révèle également la manière dont vous les utilisez pour vous-même et dans vos relations.

3. **État d'esprit : Arcane calculé en réduisant l'année de naissance entre 1 et 22.**

   Ex. : pour l'année 1970 = 1 + 9 + 7 + 0 = 17 = l'Étoile.

   Cette lame représente la lorgnette à travers laquelle vous regardez le monde. Le prisme qui définit votre vision de la vie.

4. **Personnalité : image de soi + ressenti + état d'esprit. Le résultat est réduit entre 1 et 22.**

   Cette lame représente la façon dont vous vous comportez, le fonctionnement que vous adoptez pour exprimer l'image de vous, vos ressentis et votre façon de voir la vie.

5. **Réalisation de soi : 22 (Le Mat) auquel on enlève l'arcane représentant la personnalité calculée plus haut.**

   En Tarot le Mat (Lame 22) symbolise l'aboutissement de la quête de soi et de notre évolution sur le plan humain et spirituel.

   C'est pourquoi la différence entre l'arcane de « la personnalité » et le 22 du Mat définit la part manquante pour atteindre l'accomplissement.

   Cette lame représente le meilleur de ce que vous pouvez être et de ce que vous pouvez donner.

6. **Moyens pour la réalisation de soi : image de soi + ressenti + état d'esprit. Résultat non réduit. (Personnalité non réduite)**

Ex. : 02/02/1980 : image de soi : 2 + ressenti : 2 + état d'esprit : 18 = 2 + 2 + 18 = 22 = 2 et 2

Quel que soit le nombre obtenu, on interprète chaque chiffre composant le résultat séparément.

Ex. : 15/02/1970 : image de soi 15 + ressenti 2 + état d'esprit 17 = 34 = 3 et 4

On prend en considération l'arcane 3, l'Impératrice et l'arcane 4, l'Empereur comme énergies à notre disposition pour nous réaliser.

Chacune de ces 2 lames représente ce sur quoi vous pouvez vous appuyer pour faciliter votre réalisation.

Exemples de calculs de l'étoile humaine

*Je suis né un 15/02/1970

Image de soi : jour de naissance : 15 Le Diable
Ressenti : mois de naissance : 2 La Papesse
État d'esprit : année de naissance réduite : 1 + 9 + 7 + 0 = 17 L'Étoile
La personnalité : image de soi + ressenti + état d'esprit :
15 + 2 + 17 = 34 = 7 Le Chariot.
Réalisation de soi : Le Mat – (moins) personnalité : 22–7 = 15 Le Diable.
Moyens pour la réalisation de soi = personnalité non réduite :
34 => 3 : l'Impératrice et 4 : l'Empereur

*Je suis né un 27/04/1960

Image de soi : réduite entre 1 et 22 : 27 => 2 + 7 = 9 L'Hermite
Ressenti : 4 L'Empereur
État d'esprit : 1960 => 1 + 9 + 6 + 0 = 16 La Maison Dieu
La personnalité : 9 + 4 + 16 = 29 = 2 + 9 = 11 La Force
Réalisation de soi : 22–11 = 11 La Force
Moyens pour la réalisation : 29 => 2 : La Papesse et 9 : L'Hermite

*Je suis né un 02/02/1980

Image de soi : 2 La Papesse
Ressenti : 2 La Papesse
État d'esprit : 1 + 9 + 8 + 0 = 18 La Lune
Personnalité : 2 + 2 + 18 = 22 Le Mat
Réalisation de soi : 22–22 = 0 = Le Mat 22
Moyens pour la réalisation : 22 => 2 : La Papesse et 2 : La Papesse

En Tarot il est convenu que tout calcul égal à 0 est symbolisé par l'arcane du Mat, le 22.

Sphère spirituelle, définitions et calculs

7. **Voix intérieure (Voix de l'ange) : Jour de naissance (non réduit) + mois + année (non réduite). Le résultat est réduit entre 1 et 22.**

Cette lame représente la voix que vous entendez à l'intérieur de vous, que vous ressentez, celle qui parle à votre cœur. Elle est celle qui éclaire votre chemin.

8. **Mission personnelle et collective : Jour (réduit entre 1 et 22 inclus) + mois + année réduite + voix intérieure. Résultat réduit entre 1 et 22.**

Cette lame représente ce que, dans votre incarnation, l'arcane calculé vous invite à réaliser pour vous et pour les autres.

9. **Évolution spirituelle : Le Mat, 22 auquel on enlève l'arcane représentant la mission personnelle et collective.**

En Tarot le Mat (Lame 22) symbolise l'aboutissement de la quête de soi et de notre évolution sur le plan humain et spirituel.

C'est pourquoi la différence entre l'arcane de « la mission personnelle et collective » et le 22 du Mat définit la part manquante pour atteindre l'accomplissement.

Cette lame représente la manière dont vous allez vivre votre quête spirituelle.

10. **Moyens d'évolution spirituelle : Mission personnelle et collective non réduite.**

Quel que soit le nombre obtenu, on interprète chaque chiffre composant le résultat séparément.

Chacune des deux lames représente ce sur quoi vous pouvez vous appuyer pour favoriser votre évolution spirituelle.

11. **Éveil spirituel : Réalisation de soi + Évolution spirituelle. Résultat réduit entre 1 et 22.**

Cette lame représente l'expression la plus éclairée et la plus sage de vous-même.

Exemples de calculs

***Je suis né un 15/02/1970** (exemple cité plus haut)

Voix intérieure :
15 + 2 + 1970 = 1987 = 1 + 9 + 8 + 7 = 25 = 2 + 5 = 7 Le Chariot
Mission personnelle et collective :
15 + 2 + 17 + 7 = 41 = 4 + 1 = 5 Le Pape
Évolution Spirituelle : 22–5 = 17 L'Étoile
Moyens pour évolution : 41 (4 L'Empereur et 1 Le Bateleur)
Éveil spirituel : 15 + 17 = 32 = 3 + 2 = 5 Le Pape

***Je suis né un 27/04/1960** (exemple cité plus haut)

Voix intérieure : 27 + 4 + 1960 = 1991 = 1 + 9 + 9 + 1 = 20 : Le Jugement
Mission personnelle et collective :
(2 + 7) + 4 + 16 + 20 = 9 + 4 + 16 + 20 = 49 = 4 + 9 = 13 : L'Arcane sans nom
Évolution spirituelle : 22–13 = 9 L'Hermite
Moyens pour évolution : 49 (4 L'Empereur et 9 L'Hermite)
Éveil spirituel : 11 + 9 = 20 Le Jugement

***Je suis né un 02/02/1980** (exemple cité plus haut)

Voix intérieure : 2 + 2 + 1980 = 1984 = 1 + 9 + 8 + 4 = 22 Le Mat
Mission personnelle et collective :
2 + 2 + 18 + 22 = 44 = 4 + 4 = 8 : La Justice
Évolution Spirituelle : 22–8 = 14 : Tempérance
Moyens pour évolution = 44 (4 L'Empereur et 4 L'Empereur)
Éveil spirituel : 22 + 14 = 36 = 3 + 6 = 9 : L'Hermite

2
Étoile de l'âme

Définitions et calculs

Les Atouts

Dons et qualités innés sur lesquels vous pouvez vous appuyer pour avancer dans la vie, débloquer les situations délicates et vous réaliser.

A : Atout [1] : Grand Maître de l'Eau
Image de soi +ressenti.
Résultat réduit entre 1 et 22.

B : Atout [2] : Grand Maître de l'Air
État d'esprit+ressenti.
Résultat réduit entre 1 et 22.

Les Tunnels

Ils représentent les passages que vous devez traverser pour atteindre le bout du tunnel.

C : Tunnel [1] : Grand Maître de la Terre
Différence entre Image de soi et ressenti.
Résultat réduit entre 1 et 22.

D : Tunnel [2] : Grand Maître du Feu
Différence entre État d'esprit et ressenti.
Résultat réduit entre 1 et 22.

Les Sésames

E : Sésame des Atouts : Atout [1] + Atout [2]
Résultat réduit entre 1 et 22.

Cette lame représente une clef, aide précieuse pour dynamiser vos dons et fortifier chacun de vos atouts.

F : Sésame des Tunnels : Tunnel [1] + Tunnel [2]
Résultat réduit entre 1 et 22.

Cette lame représente une clef, aide précieuse pour dynamiser et bénéficier de l'énergie présente dans les Tunnels 1 et 2.

G : La Maîtrise : Grand Maître de l'Ether

Atout [1] + Atout [2] + Tunnel [1] + Tunnel [2]
Résultat réduit entre 1 et 22.

Cette lame représente la vibration originelle de votre âme dans sa plus grande pureté.

Croisée des chemins

Permet de faire vibrer pleinement la maîtrise.

Traverse 1 : Atout [1] + Tunnel [2]
Résultat réduit entre 1 et 22.

Traverse 2 : Atout [2] + Tunnel [1]
Résultat réduit entre 1 et 22.

Ces lames représentent la force qui peut vous aider à ouvrir la maîtrise, favoriser son déploiement et apporter une stabilité.

Les Voies de Libération

H1 : Bagages Émotionnels que l'on ramène à la naissance (voire bagages karmiques) Atout [1] + Tunnel [1]
Résultat réduit entre 1 et 22.

Ce sont tous les défis non réglés, les mémoires que vous rapportez des vies antérieures. Cette énergie de « défi » guide vos pensées, vos ressentis, vos paroles et vos actes, tant que vous ne l'avez pas reconnue, nommée pour la gérer et éradiquer ses effets négatifs.

Cette lame permet de conscientiser les blessures des vies passées et ouvre le chemin vers votre guérison.

« Tu reviens avec... »

H2 : Chemin de Guérison
Bagage émotionnel + Maîtrise
Résultat réduit entre 1 et 22.

Cette lame représente le chemin incontournable à prendre pour démarrer la guérison et aller panser les blessures anciennes pour les guérir. « Tu guéris quand... »

Une fois libéré du poids de vos chaînes passées, la guérison de l'âme est assurée.

H3 : Le Don Recouvré
Atout [1] + Maîtrise + Tunnel [1]
Résultat réduit entre 1 et 22.

La plupart du temps, l'arcane du Don Recouvré sera le même que celui du Chemin de Guérison. Il peut être dans certains cas différent et apporte une précision intéressante.

Une fois le Chemin de Guérison effectué et validé, l'énergie de cette lame se débloque et donne accès au Don Recouvré. Cette lame est une grande force originelle.

H4 : Guérison de l'âme
Chemin de Guérison + Atout ^{2} + Tunnel ^{2}
Résultat réduit entre 1 et 22

> *Ex.* : Chemin de Guérison : 19 + Atout ^{2} : 7 + Tunnel ^{2} : 11 = 37 = 10.

Cette lame représente la guérison des blessures ramenées à la naissance et la capacité d'élever votre âme.

H5 : Puissance de l'âme
Atout ^{2} + Maîtrise +Tunnel ^{2}
Résultat réduit entre 1 et 22

Cette lame représente la vibration la plus haute et l'équilibre auquel vous pouvez accéder sur les deux plans : humain et spirituel.

I : Écueil : Tunnel ^{1} + Maîtrise + Tunnel ^{2}
Résultat réduit entre 1 et 22.

Cette lame est un signal d'alarme qui indique que vous affaiblissez votre potentiel en utilisant de façon négative son énergie.

J : Protection
Atout ^{1} + Maîtrise + Atout ^{2}
Résultat réduit entre 1 et 22.

Cette lame doit être vécue sous son aspect le plus dimensionnel pour la faire vibrer dans sa plus haute expression. Elle devient alors telle l'étoile du berger capable de vous guider dans la nuit.

K : Vibration de l'Être Supérieur
Don recouvré + Puissance de l'âme
Résultat réduit entre 1 et 22.

Cette lame reflète la vibration de l'Être pleinement libéré.

3
Présentation des étoiles de vie

De 1 à 11 : Étoile Humaine
De A à K : Étoile Spirituelle

1: Image de soi
2: Ressenti
3: Etat d'esprit
4: Personnalité
5: Réalisation
6: Moyens de réalisation
7: Voix intérieure
8: Mission perso et collect
9: Evolution spirituelle
10: Moyen d'évolution
11: Eveil spirituel

A: Atout 1
B: Atout 2
C: Tunnel 1
D: Tunnel 2
E: Sésame 1
F: Sésame 2
G: Maitrise

H1: Bagage émotionnel
H2: Chemin de guerison
H3: Force recouvrée
H4: Guérison de l'âme
H5: Puissance de l'âme
I: Ecueil
J: Protection
K: Vibration de l'être supérieur

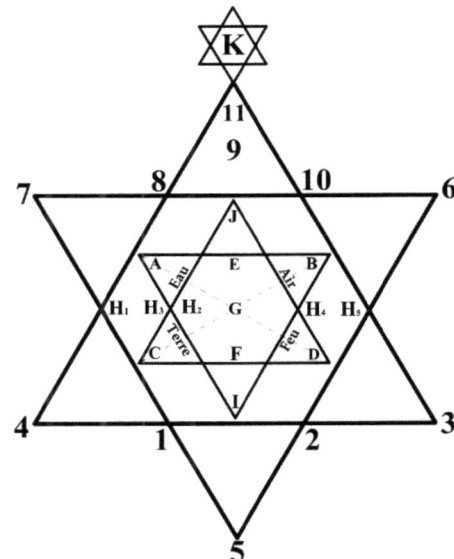

Comme la lame 17 du Tarot de Marseille appelée « l'Étoile », cette Étoile de Vie vous rappelle que vous avez tout en vous pour faire vibrer la meilleure expression de vous-même et attirer l'abondance, la joie et la protection céleste dans votre vie.

Cette Étoile nous permet de mieux nous connaître sur trois niveaux : psychologique, karmique*, spirituel.

Le plan psychologique met en évidence nos dons, nos qualités, mais aussi nos difficultés et nos éventuels blocages. Cette Étoile nous montre les chemins à suivre pour initier la guérison de l'âme et passer à un autre plan d'évolution.

Le plan karmique dévoile nos bagages avec lesquels nous revenons et qui sont à pacifier, voire guérir. Cette Étoile met également en lumière les énergies à notre disposition pour dépasser nos blessures et laisser émerger la puissance de notre Être.

Le plan spirituel ne s'ouvre que lorsque les chemins précédents ont été réalisés et validés apportant guérison à notre âme. Cette Étoile est la révélation de notre quintessence spirituelle pleine, libérée et activée.

Utilisation des Étoiles

Vous pourrez monter vos propres Étoiles de Vie qui seront un support énergétique de méditation pour prendre conscience de qui vous êtes et l'intégrer profondément.

4
L'énergie de chaque nouvelle année

Opportunités offertes par l'énergie de chaque nouvelle année

Chaque année met à votre disposition une énergie nouvelle et toujours positive pour enrichir votre vie.

Vous avez la possibilité de l'utiliser.

C'est une opportunité qui vous permet, tout au long de l'année en cours, de regarder la vie et vous-même sous un autre angle. Vous pourrez alors vous appuyer sur la force positive de l'arcane de cette nouvelle année. Elle est une énergie universelle, bonne et juste.

Ex. : l'année en cours 2021 (réduite entre 1 et 22) = 2 + 0 +2 +1 = 5, correspondant à l'arcane du Pape.

Comme dans l'exemple cité plus haut, si je suis né un 15/02/1970

Image de soi en 2021 : 15 + 5 = 20 Le Jugement
Ressenti en 2021 : 2 + 5 = 7 Le Chariot
État d'esprit en 2021 : 17 + 5 = 22 Le Mat
Personnalité en 2021 : 7 + 5 = 12 Le Pendu
Réalisation de soi en 2021 : 15 + 5 = 20 Le Jugement

2

Les conseils des grands maîtres des quatre éléments et du grand maître de l'éther

Posez devant vous la carte du Monde et vous y verrez la représentation des grands Maîtres des éléments aux quatre coins de l'image.

L'Ange représente le Maître de l'élément Eau.

Le Taureau représente le Maître de l'élément Terre.

L'Aigle représente le Maître de l'élément Air.

Le Lion représente le Maître de l'élément Feu.

Pour être dans une réalisation totale, la lame du « Monde » (la Lame 21) nous invite à travailler avec les quatre grands maîtres des éléments : l'Air, le Feu, la Terre et l'Eau. Elle nous propose de prendre notre place dans le monde, au milieu des éléments, pleinement inspiré, guidé et protégé par leurs énergies.

Voici leur message :

« Nous sommes ceux que tu entends dans le silence de ton espace spirituel, quand s'endorment tes pensées, s'épuisent tes forces. C'est à cet instant-là que nous nous asseyons face à toi et qu'enfin tu nous vois et nous écoutes. »

Le grand maître de l'air

« Je suis « l'inspir » et l'expir », je suis ton nouveau souffle. Au-delà de ton agitation mentale, par-dessus les flots de tes croyances, respire. Permets à ton regard de voir un horizon plus haut, plus loin, là où l'air est si pur, si frais, qu'il guérit tes pensées. Je suis là pour toi, pour t'élever, pour t'emmener là où ton âme s'apaise. Quand tu ne sais plus rien, que tu cesses de courir partout ; quand fatigué de tout savoir, tu ouvres la bouche et regardes les étoiles, je viens, car tu es prêt à m'accueillir et à te laisser enseigner de moi. Ainsi la paix, telle une eau montante qui vient noyer la terre, recouvre tes doutes et noie tes peurs. Laisse-toi guider par moi, laisse ma voix, ma musique nourrir puissamment ton esprit. »

Le grand maître du feu

« Je suis la flamme qui alimente ton Être. Appelle-moi quand ta joie de vivre s'atténue, disparaît. J'insufflerai dans ton Être cette puissante et vivifiante énergie de mon feu. Je suis celui qui nourrit ta vitalité, entretient ta passion et donne le sourire à ton cœur vaillant. Je suis la joie de vivre, la beauté et la force de tous tes sens. Viens avec moi et tu découvriras ta puissance, tu rayonneras ta lumière et transmuteras ton ombre. Alors, tu verras s'ouvrir devant toi le chemin où tu pourras créer, bâtir et fortifier qui tu es. »

Le grand maître de la terre

« Je suis la force vive, je suis le volcan, je suis là pour que tu n'oublies pas que tout naît, pousse, se déchaîne, se calme et meurt pour renaître. Alors, rien ne sert de lutter, rien ne sert de s'agiter, d'amasser, de posséder. Lorsque tu ne veux plus chanter, avancer, vivre, crie-moi ton désespoir. Moi, maître de la Terre, dans ma sage puissance, je viens t'apporter le rire, celui des choses simples, le geste qui apaise et embellit. Viens avec moi et je te montrerai la beauté de la vie, le sourire de celui qui ne possède rien, la poésie des paysages, sous la pluie, au soleil, dans le froid et la glace. J'ouvrirai ton cœur à l'amour de la terre et je guérirai ton corps. »

Le grand maître de l'eau

« Je suis la puissance de l'Amour, la beauté du lever du soleil, la chaleur du jour qui t'habille, la joie de chaque seconde de ta vie. Avec moi, tu ne cherches pas l'amour car tu es Amour. Lorsque, ton regard embué de tristesse, désespéré, tu laisses perler au bord de tes yeux ton émoi, appelle-moi et je viens. Je suis là pour remplir de mon eau cristalline ton cœur malade. Appelle-moi pour apaiser ta colère, ton chagrin, ton désespoir et je guérirai ton âme. »

Le grand maître de l'éther : la maîtrise

« Lorsque tes émotions ne feront plus souffrir ni ton âme ni celle des autres, ne vibrant qu'à l'Amour,
Lorsque tes pensées ne chercheront aucun profit, ton mental devenu un allié,
Lorsque tes actes seront désintéressés, guidés par la Lumière,
Lorsque tes paroles deviendront douces et guérisseuses touchées par la Sagesse,
Alors notre royaume s'ouvrira à toi, nous serons là avec toi, en toi ; tu seras nous, dans l'équilibre et la force, tels l'esprit et la matière fusionnés. »

1
Sphère humaine

*Lame 1, Le Bateleur

Élément Air : Apprends à réfléchir avant de démarrer, apprends à utiliser tous tes outils de communication.

Élément Feu : Définis quelle énergie t'anime et dans quel domaine tu souhaites t'investir. Ose mettre en action cette énergie de vie.

Élément Terre : Prends soin de tes racines, de ta condition physique et sociale.

Élément Eau : Accueille tes émotions, quelles qu'elles soient, cela te permettra de grandir.

> **Maîtrise** : *Je reconnais tous les outils que je possède et j'ose les utiliser pour démarrer et faire de ma vie le plus merveilleux des jeux.*

*Lame 2, La Papesse

Élément Air : Tiens compte de ton ressenti et partage ta sagesse.

Élément Feu : Ouvre-toi aux autres, aie foi en quelque chose ou en quelqu'un !

Élément Terre : Mets en forme ce qui t'habite et extériorise toute ta connaissance ; fais la paix avec tes lignées de femmes et laisse leur sagesse vibrer dans ta vie.

Élément Eau : Plonge en toi, tiens compte de tes émotions et apprends à faire un duo avec toi-même.

> **Maîtrise** *: Je vais au fond de mon Être, là où réside la connexion avec mon âme. J'accueille tous mes ressentis et j'en fais ma force.*

*Lame 3, L'Impératrice

Élément Air : Sers-toi de ton pouvoir d'élaboration d'un projet. Assure-toi que tes paroles reflètent fidèlement ce pour quoi ton cœur vibre.

Élément Feu : Prends conscience que tu possèdes toutes les capacités et l'énergie nécessaire pour matérialiser ce qui vibre en toi.

Élément Terre : Mets ton intelligence au service de la créativité en tout domaine et donne-lui vie dans la matière. Accouche !

Élément Eau : Que ton ressenti accompagne toujours tes intentions et que la vibration de ton cœur te permette de choisir quelle graine tu souhaites faire germer.

> **Maîtrise** *: J'élabore mes projets dans une confiance totale en moi. J'ai, seul, autorité sur ma vie. Je crée.*

*Lame 4, L'Empereur

Élément Air : Construis selon ton esprit et ta foi. Assure-toi que tes paroles et ta façon de communiquer reflètent tout l'amour que tu portes en toi et embellissent tout acte posé.

Élément Feu : Vérifie que le feu qui t'anime soit nourri par les désirs de ton cœur avant d'agir.

Élément Terre : Matérialise ce en quoi tu crois et ce que tu aimes, prends pleinement ta place ici-bas dans la joie.

Élément Eau : « L'Empereur » c'est ton cœur. Pour y être fidèle, mets de l'Amour dans chacun de tes actes.

Maîtrise *: Je suis l'empereur uniquement de ma vie. Je lui donne la forme, le cadre qui sied à mon cœur.*

Lame 5, Le Pape

Élément Air : Fais en sorte que ton esprit reste en contact avec ton corps et ta parole sera telle une baguette magique. Utilise-la avec discernement et bienveillance.

Élément Feu : Sur quoi s'appuie le sens de ta vie ? Amour ou pouvoir ? Union ou chaos ? Tu dois choisir !

Élément Terre : Accepte la pleine responsabilité de tes actes et engage-toi en t'appuyant sur tes valeurs profondes.

Élément Eau : Trouve la paix en toi grâce au pardon : demande pardon, pardonne et pardonne-toi au nom de l'Amour.

Maîtrise *: L'Amour, la bienveillance et la tolérance éclairent mon chemin. Par le pardon j'amène la paix en moi.*

Lame 6, L'Amoureux

Élément Air : Sois fidèle et respectueux de qui tu es. Écoute ta propre voix pour suivre ta propre voie.

Élément Feu : Seuls l'Amour de toi et le respect des désirs de ton âme doivent guider tes choix.

Élément Terre : Positionne-toi et choisis ton chemin afin d'incarner pleinement les désirs de ton âme.

Élément Eau : Tombe en Amour pour toi, car seul l'amour t'apaise et te permet de t'estimer.

> **Maîtrise :** *Je suis le seul habilité à choisir mes engagements. J'écoute tous les conseils de mon cœur et non ceux des autres. Seul le respect de qui je suis guide mes décisions.*

*Lame 7, Le Chariot

Élément Air : Ne laisse pas ton mental régir ta vie. Écoute aussi ton ressenti.

Élément Feu : Canalise ton énergie de vie et utilise-la pour harmoniser ton mental et ton ressenti.

Élément Terre : Prends conscience de tes antagonismes et apprends à les gérer. Stabilise ton socle et démarre.

Élément Eau : Ne laisse pas tes émotions diriger tes actes et ta vie. Apporte l'éclairage de ton mental pour les apaiser et reprendre ta route.

> **Maîtrise :** *Je discerne en moi la justesse de ce qui m'anime. Mon cœur et mon mental réconciliés dans l'amour me permettent d'évoluer et grandir dans la joie.*

*Lame 8, La Justice

Élément air : Que ta parole soit d'une justesse impeccable.

Élément Feu : Que l'Amour Inconditionnel et l'intention d'être dans la justesse soient la source de tous tes actes. Agis !

Élément Terre : Que l'Amour sans fioriture amène l'équilibre parfait et guide la justice humaine.

Élément Eau : Sois bon et juste avec toi-même comme avec les autres, pour cela centre-toi sur l'Amour qui t'anime et détache-toi de toutes les émotions qui te parasitent.

> **Maîtrise :** *Je dépose le glaive. Je m'engage à ce que ma parole soit porteuse d'espoir et de confiance. Je regarde et passe chaque expérience par le filtre de mon cœur. Mon cœur est juste et bon.*

*Lame 9, L'Hermite

Élément Air : Éclaire ton chemin de tout ton vécu, de toutes tes expériences et accepte de transmettre ta sagesse.

Élément Feu : Nettoie ton karma et tes mémoires. Ne te laisse pas blesser par les vicissitudes de ta vie. Sois patient, avance lentement, mais sûrement.

Élément Terre : Expérimente chaque situation nouvelle, laisse la vie te former et t'enseigner.

Élément Eau : Accepte de concevoir la solitude comme un refuge. Regarde ce que les émotions génèrent comme tourments en toi et ne garde que ce qui amène la paix en toi.

Maîtrise : *J'expérimente chaque instant comme une leçon de sagesse et m'en sers pour éclairer mon chemin. Mes témoignages suscitent motivation et apportent confiance à chacun.*

*Lame 10, la Roue de Fortune

Élément Air : Décide de prendre la manivelle de ta vie et reste maître de tous tes actes envers et contre tous.

Élément Feu : Aie le courage de trouver l'énergie adaptée et de donner l'impulsion pour créer ta vie dans la joie.

Élément Terre : Ne laisse personne dicter tes actes, penser ou aimer à ta place. Sois autonome et décide seul du sens que tu veux donner à ta vie.

Élément Eau : Pas de panique, ça va passer ! N'aie pas peur du changement. Ne crains rien, laisse la confiance nourrir tes pensées et guider tes actes.

Maîtrise : *Je me donne suffisamment d'estime pour prendre la manivelle de ma vie. Je suis autonome, je suis seul capitaine de mon navire, seul à décider de ma destinée.*

*Lame 11, La Force

Élément Air : Mets de la douceur et de la mesure dans tes paroles. La communication en deviendra plus fluide et agréable.

Élément Feu : Arrête de tenir envers et contre tout ce cap qui t'épuise. Place ton énergie là où ton cœur vibre.

Élément Terre : Équilibre et harmonise tes énergies. Ainsi ta puissance canalisée te permettra d'être un pilier.

Élément Eau : Appuie-toi sur l'Amour pour fortifier ta puissance. Accueille pleinement tes émotions afin qu'elles ne se retournent pas contre toi, mais nourrissent ton énergie vitale.

Maîtrise : *La maîtrise de mes pulsions me maintient en paix, dans la douceur et l'équilibre. J'ai dompté mes émotions et cette force devenue mon alliée me protège et fait de moi un pilier.*

*Lame 12, Le Pendu

Élément Air : Prends ton temps, ne reste pas enfermé dans une pensée et regarde la vie sous un autre angle. Alors, un jour viendra où tu pourras communiquer ta façon différente de voir la vie.

Élément Feu : Change ta vision de la vie, élève ton point de vue, tu profiteras ainsi de toute ton énergie sans craindre de la perdre.

Élément Terre : Arrête de t'agiter, vide ta tête, lâche la tension et patiente, la graine est sur le point de germer.

Élément Eau : Ne te détache pas de ceux que tu aimes, mais détache-toi de ce qui te fait souffrir dans ces relations. Lâche tout ce qui te ligote, tout ce qui ne parle pas à ton cœur.

Maîtrise : *Je regarde ma vie sous un autre angle et envisage toutes les perspectives. Je me détache de la douleur qui me lie aux autres. Je vis tout lien dans la paix, la détente et la fluidité.*

*Lame 13, L'Arcane sans nom

Élément Air : Lâche tout ce qui est faux, erroné et laisse tout simplement l'inattendu changer ta vie. Tes relations n'en seront que plus harmonieuses.

Élément Feu : Sers-toi de la force du feu qui t'anime pour régénérer tes cellules, ton corps, transformer toutes les facettes de ton Être, révélant la pureté du diamant brut caché en toi.

Élément Terre : Balaie devant ta porte, débarrasse-toi de tout ce qui ne fait plus sens pour toi, dépouille-toi du superflu. Repartir à zéro est une vraie force.

Élément Eau : Le nettoyage ne doit être fait qu'au nom de l'Amour et pour l'Amour. Une mise à nu émotionnelle est la clef de ton bien-être.

> **Maîtrise :** *En tenant compte de mon besoin d'authenticité, de vérité, je laisse mourir le passé et nettoie tout ce qui est erroné dans ma vie. J'accueille le nouveau et ne m'identifie à aucun de mes rôles.*

*Lame 14, Tempérance

Élément Air : Prends conscience de ta capacité à communiquer de bien des façons avec tous les êtres de la nature et des forêts, les animaux, les minéraux, et les humains qui peuplent notre terre.

Élément Feu : Cherche en l'Univers ce qui te met en joie et laisse vibrer pleinement cette énergie dans ta vie.

Élément Terre : Danse, chante, prends le temps de t'occuper de ton corps et savoure chaque instant ici-bas. Ne remets pas sans cesse au lendemain tes devoirs et obligations d'aujourd'hui.

Élément Eau : Harmonise ton corps avec ton mental et ton émotionnel, autorise-toi de la douceur et tu traverseras la vie en paix.

Maîtrise : *Je m'installe dans la joie et la douceur de mon cœur. Je communique cet amour. Je laisse cette énergie vibrer pleinement dans ma vie et enchanter mon quotidien.*

*Lame 15, Le Diable

Élément Air : Mets ton intelligence, éclairée par ton cœur, au service de ta propre lumière.

Élément Feu : Reconnais en toi la grande puissance de ton énergie. Définis au service de quoi tu désires l'utiliser : l'ombre ou la lumière ?

Élément Terre : Vis pleinement tes passions, mais ne t'y enferme pas ! Laisse vibrer le meilleur en toi et mets-le au service des autres.

Élément Eau : Nomme tes peurs et guéris tes blessures d'Amour et tu seras un Être d'empathie et de compassion.

Maîtrise : *Je fais la lumière sur toute chose douteuse. J'ai apprivoisé mes peurs. Je suis libre d'aimer sans souffrir ni faire souffrir, sans m'enchaîner ni enchaîner ceux que j'aime. Je mets au service des autres ma lucidité et mon magnétisme.*

*Lame 16, La Maison Dieu

Élément Air : Ne te mure pas dans un silence plein de rancœur et d'ego. Change tes schémas de pensée et remets-toi en question.

Élément Feu : Canalise l'énergie de feu qui t'anime, ne la laisse pas tout détruire. Sers-t'en pour fortifier les bases de ta vie et édifier tes valeurs profondes.

Élément Terre : Change tes schémas de pensée quand ils t'envoient dans le mur. Décide d'agir, pose un acte pour changer ta vie et transforme ce qui ne te convient plus.

Élément Eau : Pour éteindre le feu émotionnel, commence par accepter que tu puisses être touché par des émotions ; elles te permettent de transformer ton existence.

> **Maîtrise** *: Je me suis libéré de toutes mes protections qui étaient devenues ma prison. Je suis libre, je change mes schémas de pensée. Je me jette à l'eau en confiance, me réinvente, vibre pleinement et suis béni* en retour.*

*Lame 17, L'Étoile

Élément Air : Prends conscience que tu reçois en abondance et en permanence si tu restes en lien avec l'Univers, le subtil et la nature.

Élément Feu : Ouvre-toi au flux lumineux, tu es pure lumière, rayonne !

Élément Terre : Accepte joyeusement ta partie humaine. Agis en toute confiance.

Élément Eau : Accepte de pleurer pour te libérer de ta souffrance, puis mets-toi en contact avec ta douceur intérieure et donne-toi de l'amour comme tu peux l'offrir à tous ceux qui viendront vers toi.

> **Maîtrise** *: La beauté et la lumière vibrent en moi telle une étoile dans le ciel. J'incarne pleinement et joyeusement cette lumière dans ma vie. Je resplendis. Je fais confiance à mon cœur et à ma puissance pour me guérir de toute chose et guérir les autres.*

*Lame 18, La Lune

Élément Air : Respire la poésie, mets du rêve dans tes pensées et laisse ton intuition guider ton intelligence.

Élément Feu : Puise ton énergie dans tes rêves, ton imaginaire, tes souhaits. Prends conscience de sa puissance créatrice et rends cette énergie féconde.

Élément Terre : Laisse mûrir tous tes souhaits, puis crée tout ce que ton cœur, ton imagination te soufflent.

Élément Eau : Que d'émotions ! Prends soin d'équilibrer ton côté yin et ton côté yang pour ne pas te noyer. Plonge dans ton eau intérieure, là où se trouve l'enfant que tu es et écoute son cœur.

> **Maîtrise** : *J'accepte les aléas, les cycles de la vie, de ma vie et laisse le temps faire son œuvre. Mon imagination et mon pouvoir créateur, sans cesse en éveil, créent tout ce qui est juste pour moi et les autres. Telle la lune je suis un astre nocturne, mystérieux et lumineux.*

*Lame 19, Le Soleil

Élément Air : Accepte ton besoin de diffuser ta lumière et ta chaleur pour être épanoui et heureux. Rayonne qui tu es, mais veille à ne pas laisser ton ego briller.

Élément Feu : Ne doute pas de l'énergie solaire qui vibre en toi et de sa force d'amour mise à ta disposition. Laisse cette énergie circuler librement en toi, te guérir et guérir les autres sans craindre que son feu te brûle.

Élément Terre : Réalise-toi sur le plan humain, accomplis et rayonne qui tu es, Être d'amour. Prends ta place dans la société, éclaire les autres et reste humble.

Élément Eau : Prends soin des rêves de ton enfant intérieur. Respire l'Amour, l'Amour humain, l'Amour divin. Distribue la joie et autorise-toi la réussite.

> **Maîtrise** : *Mon charisme me sert à soutenir, développer mon bien-être, ma réussite. Quand je partage, offre, aime, je me sens pleinement vivant. Mon Être reçoit autant qu'il donne. Tel le soleil, mon énergie rayonne mon amour et mon aide aux autres.*

*Lame 20, Le Jugement

Élément Air : Communiquer sur tous les plans t'est vital. Écoute bien ta voix intérieure, celle de ton guide, celle de l'intelligence infinie. Laisse-les éclairer et guider ton mental.

Élément Feu : Tu es en lien avec des énergies célestes extrêmement puissantes et subtiles. Laisse-les faire partie de ta vie. Ouvre ta conscience au spirituel. Connecte-toi au Divin.

Élément Terre : Laisse la spiritualité ouvrir ta conscience, éclairer et guider ton chemin ici-bas. Accueille le nouveau et renais à toi-même.

Élément Eau : Ne sois pas trop dur et exigeant avec toi-même et ton entourage. Respire, tout est parfait ! Sois dans l'Amour infini envers les autres.

> **Maîtrise** : *Je laisse tout mon Être profond régénérer chaque cellule de mon corps et guider chacune de mes pensées. J'écoute mon âme et choisis de suivre ma voie, celle qui me procure tant de joie.*

*Lame 21, Le Monde

Élément Air : Communique, installe-toi au milieu du monde humain, de la nature, de l'invisible et du cosmos. Ouvre-toi aux autres.

Élément Feu : N'oublie pas que tu reçois de l'Univers ta force et ta puissance. Installe-toi en toute confiance au centre du Monde et laisse vibrer en toi la sagesse des quatre grands maîtres des éléments.

Élément Terre : Aie confiance, c'est le moment de la réalisation de ton Être dans la matière. Accomplis-toi dans ta vie humaine.

Élément Eau : Aime la vie et accueille ta partie divine. Danse la vie, l'harmonie, la beauté, l'Amour. Sois dans la joie profonde de ton Être.

> **Maîtrise** *: J'accepte de vivre pleinement la joie de ma réalisation en équilibre entre les quatre éléments. Je m'ouvre au monde et danse la vie en toute confiance.*

*Lame 22, Le Mat

Élément Air : Ta façon différente de penser est une force, un cadeau de l'Univers. Accepte ce présent et laisse-le s'exprimer.

Élément Feu : Tu es tel un feu follet. Définis le grand but et laisse-toi aimanter par lui pour ne pas te disperser et te perdre.

Élément Terre : Vis toute expérience pleinement, car ton but étant défini elle te mènera toujours à lui. Aime les êtres et les choses de ta vie, mais n'y perds pas ta liberté et respecte celle des autres.

Élément Eau : Rends-toi libre d'aimer. Porte-toi autant d'Amour qu'aux autres. Accueille dans ton cœur l'Être sensible que tu es.

Maîtrise *: Je définis mon but puis je lâche. Mon âme libre et joyeuse cherche dans toute situation, toute rencontre, la magie du beau, du noble, du bon. J'avance fier d'être tel que je suis : étrange et génial.*

2
Sphère spirituelle

*Lame 1, Le Bateleur

Élément Air : Pour avancer et grandir, sers-toi des leçons de tes anciennes vies, de tes mémoires. Laisse-les illuminer ton intelligence. Intègre que le UN inclut le tout et les autres. Tu n'es donc jamais seul !

Élément Feu : Utilise ton énergie et ton intention qui sont aussi pures et joyeuses que celles d'un nouveau-né pour démarrer ta vie. Puise cette énergie dans l'Être illimité et parfait que tu es, sans te laisser parasiter par ton ego.

Élément Terre : Comporte-toi tel un enfant curieux, joyeux, inventif. Définis clairement tes outils et utilise-les en jouant sur l'immense terrain de jeu qu'est la vie terrestre. Fais de ton passage sur terre une fabuleuse expérience.

Élément Eau : Avance, écoute les désirs de ton âme. Ose être et faire au nom de l'Amour.

> **Maîtrise** *: J'accueille le Divin en moi, cette magie je la reconnais. Je la laisse œuvrer pour moi, me donner sa puissance et le pouvoir de démarrer toute chose.*

*Lame 2, La Papesse

Élément Air : Mets-toi en contact avec ton Être profond. Communique avec ton âme, écoute ce qu'elle a à te dire. Nourris-toi de la voix de tes ancêtres, de toutes tes connaissances passées et de tes lignées féminines pour éclairer ton intelligence et décider de ta voie.

Élément Feu : Ton énergie est extrêmement yin. Plonge en toi, dans les profondeurs de ton Être pour t'y reconnecter, à la rencontre du feu qui t'anime. C'est là que se trouvent tous tes trésors, ton incroyable puissance empreinte de sagesse et de douceur.

Élément Terre : Dans le silence de ton Être, laisse ton âme prendre le temps de mûrir tout ressenti. Laisse le sacré de la vie vibrer dans ton quotidien, respecte-le, honore-le, écris-le. Ne laisse pas ta connaissance au silence. Fais-en le moteur, l'essence qui anime tes pensées, tes paroles et tes actes ici-bas.

Élément Eau : Fais de ton monde intérieur une source de prière, mais aussi de joie et d'amour pour toi et les autres. Connecte-toi à cet amour pur, Divin qui vibre en toi. Cette force d'amour est plus forte que tout. Ne la laisse pas se flétrir. Entretiens-la, nourris-la comme un trésor sacré.

> **Maîtrise** *: Je puise dans mes contacts avec les mondes parallèles, le sacré, le féminin et la sagesse Universelle. Je m'ouvre à la vie, aux autres, au Divin en toute confiance.*

*Lame 3, L'Impératrice

Élément Air : Puise dans l'Intelligence Infinie la force pour éclairer ton mental et créer ta vie. Laisse fleurir ta parole, ta pensée, ton intelligence. Accepte que celles-ci soient fécondées par des énergies terrestres et cosmiques qui te dépassent. Donne vie à tout ce que l'Univers te souffle.

Élément Feu : En toi réside un extraordinaire pouvoir : le pouvoir créateur. Prends conscience que seule l'énergie spirituelle est la source de ce don et mets-le au service du Divin et des Hommes.

Élément Terre : Crée dans la matière tout ce que le Divin te souffle. Laisse ton êtreté* guider tes pensées et tes actes ici-bas.

Élément Eau : Accorde du temps et de l'intérêt à ton ressenti. Prends soin de la Terre et de tous ceux qui l'habitent comme de tes propres enfants. Accepte dans la joie ce rôle de Mère Universelle.

> **Maîtrise** : *Grâce à mon mental, je donne vie à tout ce que l'Univers ou la Source sème en moi. Je mets ce pouvoir en action dans ma vie selon l'Ordre Divin.*

*Lame 4, L'Empereur

Élément Air : Connecte-toi à ton Intelligence Infinie pour toute décision. Que tes pensées, tes paroles et tes actes soient empreints d'amour et de respect. Que ta communication soit aussi pure que l'esprit qui t'anime.

Élément Feu : Ouvre ton cœur à l'Amour Universel, à la joie et tu recevras une énergie puissante et créatrice de toute sagesse. Sois dans le respect de tous et que la lumière Divine accompagne chacune de tes décisions et actes.

Élément Terre : Respecte la vie, respecte les vivants et la Terre. Vibre l'Amour du Tout. Aie l'humilité de croire que tout ce qui t'est donné peut t'être repris en une seconde.

Élément Eau : La joie est la vibration de ton âme. Émerveille-toi de toutes les belles choses simples de la vie et tu trouveras ta raison d'être. Que tes mots et tes actes soient le reflet de ton Amour pour toi et les autres.

> **Maîtrise** *: Je conçois la matière comme un réceptacle de puissance et d'Amour spirituel. J'élève dans le sacré chaque chose que je crée.*

*Lame 5, Le Pape

Élément Air : Vérifie que tes agissements soient l'expression de ce que tu ressens et soient en accord avec ce que tu penses. Ta parole est un réel don de l'Univers. Veille à t'en servir comme tel. Éclaire de ta sagesse les Hommes, mais n'en fais pas un outil de pouvoir.

Élément Feu : Accueille ton ombre comme ta lumière et permets à la vibration du feu d'unir* toutes les parts de ton Être. Pour cela, laisse les énergies céleste et tellurique* se rencontrer en ton centre. Permets-leur de pacifier ton mental, d'apaiser ton cœur et de nourrir ton corps. Reste fidèle aux valeurs qui t'animent.

Élément Terre : Sois le médiateur de tout conflit, réconcilie les âmes avec leurs corps, accepte d'être tel un pont qui unit les extrêmes ici-bas. Ouvre ta conscience au Grand Esprit et laisse son énergie spirituelle, sa sagesse diriger chacun de tes actes. Que ta bienveillance et ton Amour soient aussi grands que ta capacité à pardonner. Sois le guide de lumière, bienveillant et formateur pour chacun.

Élément Eau : L'Amour Divin vibre en toi. Veille à pacifier tout ton Être puis passe toute situation par le prisme de ton cœur.

Offre cet Amour à la Terre et aux Hommes et tu seras béni des Dieux.

Maîtrise : *Je suis uni en moi, nourri par les énergies céleste et tellurique. Installé au centre de mon Être, divinement béni*, pacifié, protégé et guidé.*

*Lame 6, L'Amoureux

Élément Air : Reconnais l'existence de ton âme et chéris-la. Respecte-la profondément dans chacun de tes choix. Ose lui être fidèle. Laisse-toi toucher par l'esprit, par l'invisible et tu seras guidé en tout sur ton chemin d'évolution.

Élément Feu : Avant de choisir ta voie, reconnecte-toi à la forme originelle, divine, pure et sacrée de l'Amour. Définis ce qui t'anime et ce qui donne du sens à ta vie.

Élément Terre : Sache que, si tu es relié au Tout, tu as la capacité de décider par toi-même et de te positionner en étant totalement fidèle aux désirs profonds de ton âme. Ta puissance intérieure est ta meilleure conseillère dans tout ce que tu fais.

Élément Eau : Qu'est-ce que l'Amour Inconditionnel ? Que ta réponse guide et éclaire ta façon de t'aimer, de te respecter et de te comporter avec tous ceux que tu dis « aimer ».

Maîtrise : *Seul l'Amour Inconditionnel que je me porte et que je porte aux autres éclaire mon âme et guide ma vie.*

*Lame 7, Le Chariot

Élément Air : Messager de la parole Divine, voilà qui tu es ! Pour avancer, accepte-le, vibre-le pleinement. Définis ce qui guide ton mental, nourris tes émotions. Trouve le point d'équilibre entre les deux. Veille à ce que chacune de tes paroles reflète cette intelligence céleste.

Élément Feu : Accueille pleinement l'Être Divin que tu es. Prends conscience que l'énergie yin et l'énergie yang fusionnent en toi. Laisse cette alchimie nourrir ton âme et équilibrer ton besoin de servir les autres et tes aspirations égotiques.

Élément Terre : Reste dans l'équilibre entre l'esprit que tu es, puissant et fécond, et l'humain à la recherche de pouvoir. Rayonne d'une lumière divine et pure qui n'aveugle personne, mais guide les pas de tous ici-bas.

Élément Eau : Que ton cœur te permette de toujours rester dans la mesure et la sagesse. Offre tout ton amour sans compter ni rien attendre en retour.

> **Maîtrise** : *Je suis le messager de ma part divine. Je me reconnais dans toute ma dimension spirituelle. Je transmets la pureté de mes intentions et de mon cœur, j'ouvre la voie du divin en chacun.*

*Lame 8, La Justice

Élément Air : Les paroles irréfléchies sont comme des coups d'épée qui reflètent tes blessures humaines. Que ta parole, la voix de ton âme s'élève telle la voix de la sagesse, qu'elle prône le juste en tout. Remplace le glaive par la foi en la Justice Divine et prie pour le bon et le juste.

Élément Feu : Vérifie que ta vibration soit purifiée de toute colère. Puise ton énergie dans l'amour de la vie, l'amour de l'autre, l'amour cosmique, tu seras alors dans la Justesse.

Élément Terre : Grâce à l'Amour Inconditionnel qui t'anime, prends conscience de ta capacité à protéger et à défendre les plus démunis. Accepte que toutes tes actions poussent chacun à grandir. Éduque d'une façon juste, c'est-à-dire ferme, mais aimante.

Élément Eau : Qu'est-ce que l'Amour Juste ? Un Amour Inconditionnel sans fioriture émotionnelle. Ne cache pas derrière ton épée ta puissance d'amour. Passe toute pensée, tout ressenti et tout acte par le filtre de ton cœur. Installe-toi ainsi dans le bon et le juste de l'Ordre Divin, « verticalisé * » entre le Ciel et la Terre.

> **Maîtrise** *: Je suis dans une justesse parfaite, car je laisse les énergies céleste et tellurique circuler librement en moi et s'enrichir l'une, l'autre. L'Amour Inconditionnel* m'apporte toujours l'équilibre.*

**Lame 9, L'Hermite*

Élément Air : Que ta passivité et le silence soient des moyens de mieux écouter, entendre, comprendre les autres. Que chaque parole que tu prononces soit pure et bienveillante, éclairée par la sagesse acquise par l'expérience de tes nombreuses vies. Partage cette incroyable richesse.

Élément Feu : Regarde dans ta grotte intérieure, le feu Divin, source de toute vie, chauffer et chanter. Paisible, calme, humble, ne veut pas dire fatigué, vieux et faible. Veille à ne pas sous-estimer tes capacités ! Prends conscience que circule en toi une énergie puissante telle l'énergie d'une tortue, symbole de sagesse ancestrale, de solidité, de pilier, capable de porter le monde sur son dos.

Élément Terre : Avance en compagnon aimant de chacune de tes rencontres. Éclaire-les de tes témoignages de compréhension de la vie. Accepte de faire de ton vécu, un phare dans la brume permettant de guider les voyageurs en quête de lumière.

Élément Eau : Plonge en toi et pour évacuer toutes les émotions négatives, comme l'éponge, essore-toi. Veille à guérir profondément tes blessures et trouve la sagesse en chacune d'elles. Reviens dans le monde, plus solide, et accueille chaque Être en détresse dans l'immensité de ton cœur.

> **Maîtrise** *: Je me ressource dans le silence de mon âme. J'y puise la force et la sagesse pour éclairer chacun. Je reste dans la bienveillance, l'amour et l'humilité pour servir avec bonheur les autres. Je vibre la quintessence de toutes mes expériences.*

*Lame 10, La Roue de Fortune

Élément Air : Accepte que la sagesse de tes anciennes incarnations éclaire ton intelligence dans cette vie, sans chercher à en savoir plus. Lâche le mental et laisse cette force invisible te porter, guider tes paroles et tes actes.

Élément Feu : Considère-toi responsable et capable en toute chose, ainsi tu sentiras et déploieras une puissante énergie. Veille cependant à laisser l'Univers agir en toi. Cette énergie céleste t'aidera à dépasser toutes les épreuves de la vie.

Élément Terre : Connecte-toi à ton souffle de vie et va là où le vent te porte. Sois le seul maître à bord de ton propre bateau. Prends la barre et affronte les vents extérieurs et marées de ta vie.

Élément Eau : Assure-toi que ta vie génère de belles émotions, comme la joie, la gratitude et l'entrain. Ton âme n'est pas venue ici-bas pour subir. Reconnais-en toi tout l'Amour Universel. Prends la manivelle de ta vie, clame haut et fort : « Je suis Divin ». Tu n'auras plus peur et tu avanceras avec la force de l'amour.

Maîtrise : *Je sais que je peux m'appuyer sur la sagesse de toutes mes vies pour faire de celle-ci une merveilleuse expérience. J'utilise ce pouvoir, j'agis et plus jamais ne subis.*

Lame 11, La Force

Élément Air : Laisse ta parole et ton intelligence refléter cet extraordinaire lien au subtil et à la Source de Lumière. Écoute ton âme te dire combien tu as de tendresse en toi. La force ne réside pas en ce que tu crois, mais en la Foi et en ta force d'Amour.

Élément Feu : Puise ta force en sa source Divine et tu seras maître de ta puissance. Installe-toi au centre des énergies Céleste et Tellurique et laisse ce flux circuler librement en toi et unir tes contraires. Dans ce feu qui te traverse, reconnais la force de vie et la joie divine.

Élément Terre : Fortifie ton lien avec la terre. Vis ton incarnation dans la joie et honore tes ancêtres. Maintiens la connexion au ciel grâce à toute discipline alliant l'esprit à la matière. Tel un vieux chêne tu pourras te déployer sans craindre d'être déraciné. Ainsi « verticalisé »*, utilise ton pouvoir de guérison.

Élément Eau : Prends en compte ta sensibilité. Travaille sur tes émotions afin de les adoucir. Utilise toute forme d'art pour faire de ta force un puits d'amour dans lequel tu trouveras la sérénité et la paix.

Maîtrise : *Je suis dans l'équilibre entre le Ciel et la Terre. Mon Être se maintient dans cette verticalité, protégé et accompagné.*

*Lame 12, Le Pendu

Élément Air : Dans le silence, écoute les vents parler à ton cœur. Laisse-les vider ta tête et bercer ton âme. Regarde alors la vie sous un autre angle en inversant tes valeurs. Enrichis chacun, de cette différence soufflée par le Divin.

Élément Feu : Accroche ton âme au Céleste afin que ton corps devienne spirituel. Réfugie-toi au plus profond de ton Être là où réside l'impalpable et tu y rencontreras le feu de vie. Laisse la vibration Universelle, tel un GPS céleste, te mettre sur le chemin de ta destinée. Aie confiance !

Élément Terre : Ne te sacrifie plus pour les autres, reconnais le sacré en toi comme chez tes semblables. Élève ton regard tel un aigle qui voit au loin et laisse ce nouvel angle de vue guider tes pas. Abandonne tes béquilles et reconnais-toi apte à te réaliser pleinement.

Élément Eau : Accepte de lâcher tout ce qui t'enlie à la souffrance humaine et relie-toi au Divin. Refuse tous les liens toxiques. Réalise que la présence d'Amour Divine est toujours à tes côtés pour te guider, te soutenir. Tu n'es jamais abandonné.

Maîtrise : *J'accroche toujours mon âme à la Source Divine et au Ciel. Je m'abandonne à sa guidance aimante en toute confiance et je vis toutes les expériences dans la foi.*

*Lame 13, l'Arcane sans Nom

Élément Air : Apprends à transformer au lieu de trancher dans le vif. Que tes paroles et ton comportement reflètent pleinement l'Être pur et authentique que tu es, sans te renier. Sois le messager de la vérité aux intentions fermes, mais aimantes. Accueille le nouveau et quitte l'ancien, tombe les masques et renais de tes cendres.

Élément Feu : Ouvre-toi aux énergies célestes quand tes propres énergies ne te permettent plus d'être heureux. Tranche, libère-toi de tes chaînes et faux-semblants, laisse passer l'énergie d'Amour, l'énergie éternelle. Connecte-toi à l'authenticité de ton Être. Entre l'énergie de mort ou de vie, choisis celle qui te guidera.

Élément Terre : Sache te détacher de tout ce qui est erroné et de tous ceux qui t'empêchent d'avancer. Change de vie, de maison, d'amis si ton âme te le demande. Sème dans ta vie les rêves, la vérité que tu veux dorénavant voir fleurir et embellir ton chemin ici-bas.

Élément Eau : Ton cœur n'est point fait de pierre. Réalise que ton amour est tel celui de la Source Originelle, immense, pur et authentique. Accepte par Amour pour le Divin, pour la vie et pour toi de te dévoiler tel que tu es et remplis ton cœur d'espérance.

Maîtrise : *Je nettoie chaque mémoire de mes vies antérieures. Je meurs à qui j'étais pour naître à qui je deviens. Je suis tel un diamant brut. J'en assume les qualités et les défauts et plus jamais ne me renie. Je reviens au sens originel de toute chose.*

*Lame 14, Tempérance

Élément Air : Installe-toi dans une communication fluide avec ta famille d'âme, angélique. Connecte-toi à ton ange gardien, tes guides, tous les Êtres de lumière qui sont là pour t'accompagner. Laisse-les éclairer ton intelligence et ta parole. Chante, danse, loue le plaisir et les arts et ton âme touchera la douceur des anges.

Élément Feu : Accueille la part angélique, subtile, féminine et douce qui t'habite. Alors, la chaleur du feu qui anime ton âme se réveillera. Laisse cette énergie circuler en toi, te guérir et guérir les autres. Accepte de déployer tes ailes et reconnecte-toi à tous les dons qui vont avec. Une immense tendresse enveloppera ton Être.

Élément Terre : Vis ta vie comme la plume emportée par le vent : tourbillonne, danse, tombe, repars, mais jamais ne résiste, ne lutte. Vole, telle une fée, distribue ton rire, ta joie ici-bas. Sois comme un souffle de légèreté, de gaieté capable de transformer les énergies terrestres densifiées en paillette de vie.

Élément Eau : Laisse ton cœur exprimer autant d'amour qu'il le veut même s'il est difficile d'avoir une sensibilité angélique sur terre. Puise en cet amour autant de fois que tu le veux. Entretiens la joie qui vibre en toi et alimente-la comme le plus merveilleux de tes trésors, tu seras divinement protégé, accompagné, guéri de toutes tes peines.

> **Maîtrise** *: Je me connecte aux mondes subtils, aux guides de lumière. J'accepte mes ailes et laisse vibrer cette magie, cette énergie angélique, pure et joyeuse dans ma vie. Je suis dans une connexion totale et évidente avec la nature, les humains comme avec les mondes subtils.*

*Lame 15, Le Diable

Élément Air : Sois comme l'aigle ! Vois de très loin et de très haut ! Sers-toi ainsi de ce don pour dévoiler ton ombre et celles des autres, transmute-la dans l'espace de ton cœur. Ne manipule personne, mets ton intelligence aux services des autres. Communique en éclaireur averti, compatissant, empathique.

Élément Feu : Tempère ta grande énergie et puissance par la bonté de la Source, la bienveillance, la gratitude et le service. Ton énergie n'en sera que plus lumineuse.

Élément Terre : Ce n'est pas parce que tu as perdu tes ailes que tu n'es pas un ange ! Lâche ta rancune envers le Divin et aime-toi. Utilise tous tes dons pour éclairer et guérir les humains. Laisse ton mental servir la Lumière et l'Amour.

Élément Eau : Seul l'Amour peut révéler la sagesse de tes actes. Alors ! Veille à ce que tes intentions relèvent du désir de faire toute chose pour ton bien et celui des autres. Laisse ton cœur se nourrir d'amour et de paix.

> **Maîtrise** *: Je vois clair dans mes zones d'ombre comme dans celles des autres. Je mets mon intelligence, ma lucidité, mon énergie et ma puissance au service de la lumière et de l'amour. Je récupère ainsi toute ma splendeur et mes ailes.*

*Lame 16, La Maison Dieu

Élément Air : Ouvre ton esprit aux forces supérieures afin qu'elles t'amènent à penser différemment. Libère ta parole. Fais exploser ce qui l'entrave. Reprogramme-toi et reste fidèle au souffle Divin.

Élément Feu : Cherche la source de ton énergie au-delà du visible, au-delà du tangible. Laisse ce feu céleste brûler en toi ce qui doit mourir. Que ta nouvelle conscience nourrisse ton âme, fortifie ton corps et donne du sens à ta vie. Ouvre ton esprit, élève ton âme, laisse passer l'énergie Divine en toi.

Élément Terre : Sors des habitudes sclérosantes et étriquées. Remets en question tes certitudes. Que ta nouvelle façon d'être, cet éveil puissant, décapite tes anciens schémas de pensée et annihile les peurs de l'ego. Laisse-le te transcender et te porter au firmament.

Élément Eau : C'est en accueillant tes émotions douloureuses comme la colère que tu tempéreras le volcan qui t'anime. Dans le labyrinthe des marches de ta tour, ne laisse pas ton cœur s'étioler. Apprends à aimer toute chose et à les regarder de cœur à cœur. Que l'Amour Universel t'enseigne la douceur, la tolérance et t'apporte l'humilité.

> **Maîtrise** : *Mon ego libéré et transcendé, je laisse passer en moi l'énergie Divine qui vivifie mon esprit, fortifie ma foi. J'accueille cette énergie avec joie et gratitude et je me mets au service du divin.*

*Lame 17, L'Étoile

Élément Air : Laisse vibrer en toi toute l'intelligence cosmique issue de tes racines stellaires. Reste en contact avec tes guides. Accueille en toi ce flux lumineux d'amour. Accepte d'être le réceptacle de cette grande sagesse et donne à ceux qui se présentent à toi, la parole guérisseuse.

Élément Feu : Prends conscience que l'énergie de vie coule à flots en toi. Sois sûr qu'elle est puissante et douce à la fois. Sers-t'en d'abord pour éclairer ton âme et ton cœur. Tu as la capacité de la redistribuer abondamment. Que la foi en ta partie divine et que ta connexion aux guides soient sans limites. Tu pourras ainsi guider tous ceux dont le chemin a besoin d'être éclairé. Laisse les étoiles nourrir ton Être, ton cœur.

Élément Terre : Abandonne toute lutte, le désir de conserver tes dons, car au moment où tu lâches cette idée, ceux-ci te seront redonnés. Incarne tout simplement tes origines ici-bas en faisant briller la lumière de ton âme. Installe-toi dans une confiance et une foi sans faille et laisse-les guider tes pas, éclairer ta vie, nourrir ton corps, ton ressenti et ton mental.

Élément Eau : Prends conscience que tu n'es jamais seule. Laisse-toi bercer et consoler par l'énergie d'amour, l'énergie subtile des étoiles. Que cet amour t'accompagne dans toutes tes relations, dans tous tes actes, alors tu seras comblé et tu recevras beaucoup. Remercie, sois dans la gratitude, car tu es sans cesse aimé et protégé par tes guides. Rayonne toute ta lumière.

> **Maîtrise** *: Je remercie le ciel de me donner tout ce dont j'ai besoin avec abondance et Amour. Je donne à mon tour sans compter, car je reçois sans cesse. Je reste installé dans une foi sans faille en la bonté et l'Amour de l'Univers. Je me sens divinement accompagné et protégé.*

*Lame 18, La Lune

Élément Air : Sers-toi de ton intuition, de ton ressenti, fais appel à l'énergie féminine qui t'anime pour guider ta vie, tes paroles et tes actes. Communique avec les esprits de la nature sans laisser ton raisonnement couper ce lien.

Élément Feu : Quelle énergie yin ! Regarde tes émotions comme étant une force et une puissance extrêmement douces. Porte de l'intérêt à tes ressentis car ils sont la source de ta créativité. Réalise qu'en ton ventre, lieu sacré de gestation réside toutes tes capacités créatrices. Donne-leur vie ! Puise en ton âme, l'énergie de vie, le sens de l'art.

Élément Terre : Reviens sur terre ! Ressens, définis tes souhaits, tes désirs. N'hésite pas une seconde, donne leur vie, crée une petite ou une grande chose, le plus important étant d'oser. Utilise la puissance de ton imagination pour créer ici-bas la vie de tes rêves.

Élément Eau : Que d'émotions... Accepte sans en souffrir que la vie en toi ait une mouvance de flux et de reflux. Arrête de remettre tes émotions au plus profond de toi. Accueille-les dans l'espace de ton cœur et détache-toi de leurs répercussions néfastes. Reste telle la lune, sensible certes, mais lumineuse, étrange, mystérieuse et imperturbable. Respire l'amour là où tu vois de la haine, respire la joie là où règne la peine.

> **Maîtrise** : *Quand je me connecte à ma terre intérieure, c'est à la Terre Mère que je m'attache. Quand je me connecte à mon ciel intérieur, c'est à mon Ciel Père que je m'attache. Aussi dans cet équilibre, j'accueille ma sensibilité comme ma plus grande force. Me mettant en lien avec toute la beauté du monde, elle m'insuffle les plus belles créations.*

*Lame 19, Le Soleil

Élément Air : Rayonne, soleil tu es, soleil tu dois être. Laisse ton verbe et ton intelligence communiquer la joie, donner de l'amour, réchauffer les âmes, les cœurs et réconforter tous ceux qui t'accompagnent. Ton cœur sera nourri et vibrera pleinement.

Élément Feu : Quelle énergie yang ! Saisis bien tout l'amour qui t'est offert, c'est ta force énergétique. Comprends que ta puissance d'amour est immense. Distribue-la autour de toi et fais en sorte que seuls l'amour, le respect et la connexion à la source alimentent ton énergie. Que l'énergie que tu diffuses soit le reflet de ta puissance solaire. Veille à rester humble et à ne pas faire d'ombre aux autres. Certains comme Icare s'y sont brûlé les ailes !

Élément Terre : Accepte que pour être en paix, vivant, tu doives partager cette chaleur d'amour inconditionnel. Apporte à ton Être comme à tous les autres, l'attention et l'amour indispensables pour que chacun trouve sa place. Que ton rayonnement soit chaleureux et bénéfique. Offre-le sans compter et jamais il ne faiblira.

Élément Eau : Le soleil ne manque jamais d'amour. « Amour, amour, nourrit le cœur de chacun autant que tu nourris le mien », voilà la prière que tu dois chanter quand ton cœur doute. Réalise l'importance d'honorer, de respecter et de faire vibrer tes rêves, tes désirs et la beauté de ton âme. Rayonne pour toi d'abord et installe-toi dans la joie profonde de ton Être. Alors, le cœur comblé, tu seras dans la reconnaissance et la gratitude totales.

> **Maîtrise** *: Tel l'astre solaire mon énergie donne à chacun sans compter, sans juger, sans rien attendre en retour. Le cœur plein d'humilité et l'esprit de lumière, je laisse vibrer en moi et rayonner vers les autres la foi en l'Amour Divin. Ma lumière est immense et inaltérable.*

*Lame 20, Le Jugement

Élément Air : Entends-tu cette douce musique jouée par les anges ? Écoute cet appel céleste. Écoute ta voix intérieure et laisse-la nourrir ton intelligence de toute sa grande sagesse. Ne reste pas dans les limites de ton raisonnement. Va chercher plus loin, plus haut les réponses à tes questions. Tu seras éclairé et apaisé. Accepte de partager avec simplicité, tolérance et amour ta vision « sage » de la vie.

Élément Feu : C'est une énergie extrêmement subtile et puissante qui vibre en toi, celle du monde angélique et des Êtres de lumière. Laisse ta conscience être fécondée par cette énergie spirituelle et permets-lui de s'exprimer librement à travers toi. Puise tout ce qui t'anime et donne sens à ta vie, dans les sphères les plus hautes de toi-même. Connecte-toi à tes origines célestes que le mental ne connaît pas et laisse couler en toi cette cascade de lumière.

Élément Terre : Reconnais-toi en tant que messager des Mondes invisibles, car les guides te parlent. Fais-toi l'avocat des causes perdues, car tu as le pouvoir de créer l'impossible, au nom de la Foi qui t'anime. Réveille les consciences. Ouvre les esprits sans peur d'être jugé. Éclaire, éveille, mais jamais n'impose ni ne t'enorgueillis de ta grande richesse d'âme et de ce don des anges.

Élément Eau : Accroche ton cœur à l'Amour inconditionnel. Aie foi au renouveau, au meilleur, au juste. Renais à chaque minute avec la joie au cœur et laisse mourir en toi sans regret la minute d'avant. Arrête-toi, respire le souffle de vie, respire et laisse-toi traverser par ta grande spiritualité. Accompagne chacun avec amour, tolérance, respect et tu seras pleinement illuminé. L'amour pour le Divin en toi et l'amour pour les autres sera toujours plus puissant.

Maîtrise : *La Source Divine à tout instant de ma journée inspire mes pensées, nourrit mon cœur et guide mes actes. Je l'accueille avec Amour et joie. Je vis dans la grâce de mon Être Divin.*

*Lame 21, Le Monde

Élément Air : Toute l'intelligence du monde et de l'univers vibre en toi. Réalise que tu es toujours en contact vibratoire avec les quatre éléments. Prends conscience que ton monde intérieur est comme le monde extérieur. Donc, plus la communication avec toi-même sera bienveillante et douce, plus elle le sera aussi avec les autres. Sème des graines de compréhension, d'amour et de confiance autour de toi. Elles germeront sans nul doute quand le temps sera venu.

Élément Feu : La Source de lumière et toi ne faites qu'un. Sois toujours certain que les quatre grands maîtres des éléments : l'eau, la terre, l'air et le feu t'alimentent en une énergie d'une puissance incroyable. Fais-en l'essence de toute ton expression dans la vie. Reconnais-toi comme parfait et accepte de vivre la réalisation de ton Être. Éclaire chacun de ta beauté d'âme. Reste humble et compatissant.

Élément Terre : Définis précisément ce qu'est pour toi « la réalisation de l'Être ». Prends conscience que la réalisation de l'âme ne correspond pas forcément à la réussite de l'ego. Trouve ce Graal en toi et mène cette quête de l'âme ici-bas. Pour ce faire, danse la vie, montre-toi tel que tu es, sois authentique dans la joie et prends soin de toi autant que tu peux prendre soin des autres. N'écoute que ton cœur, seul lui a la capacité de guider tes pas vers ton « je suis ».

Élément Eau : Vibre la vie, aime-la, car tu es comblé. Émerveille-toi de toutes les beautés de ce monde et de tous les mondes. Laisse ton âme se nourrir de toute cette magnificence. Pleure, ris, aime sans condition, car tu es protégé par ces mondes invisibles. Aie conscience de cela et ton cœur chantera l'amour et la joie.

Maîtrise *: Je suis accompagné, protégé, guidé par les grands maîtres des éléments Terre, Eau, Air et Feu. Leur énergie équilibre mon monde intérieur et fait danser mon âme. Je suis.*

*Lame 22, Le Mat

Élément Air : Exprime ton originalité, laisse ton mental s'enrichir de cette particularité. Démarque-toi, mais reste dans le respect de la vie et des autres. Offre cette espièglerie géniale et éveillée au monde. Fais de ta marginalité un cadeau. Accueille ta sagesse délurée, libère-la, chante, danse, ris.

Élément Feu : Accueille en toute sérénité et dans une foi sans faille ce feu Divin qui brûle en toi. Évite de t'éparpiller. Relie-toi à l'Amour de vie que tu sens vibrer en toi. Sers-t'en pour trouver ta mission personnelle et collective. Apprends à focaliser ton énergie joyeuse, géniale, délurée sur ce but.

Élément Terre : Définis où tu veux aller et pourquoi, car des réponses que tu créeras, ton bonheur dépendra. Ne laisse pas le regard de ceux dont l'âme n'a pas cheminé autant que la tienne, te faire douter de ton but. Vis toute expérience comme une occasion unique de te rapprocher de ce but, d'évoluer, de gravir une marche de plus. Installe-toi dans la certitude de ton cœur, avance le sourire aux lèvres et l'âme chantante.

Élément Eau : Veille à ce que tes émotions exacerbées ne te fassent pas vaciller. Sache que tu peux aimer sans te lier à la souffrance. Alors, ne t'en prive pas, donne le meilleur de toi-même sans te défiler. Donne toujours qui tu es et même si la sagesse de ton cœur est méprisée par certain et incomprise par d'autres, lâche prise ! Installe-toi dans un « rien à foutre » éclairé et joyeux, aie conscience que le ciel, lui, ne t'abandonnera pas.

Maîtrise : *Quand je suis fou aux yeux des hommes, je suis toujours sage aux yeux de Dieu. Je l'accepte et laisse cette sagesse s'exprimer telle qu'elle le souhaite à travers moi. J'avance joyeusement vers mon but : l'illumination, la rencontre avec le Divin en moi.*

3

Écueils et protections

N. B. Étant donné que le calcul de la lame en écueil et le calcul de la lame en protection sont obtenus en additionnant trois arcanes, le résultat ne peut en aucun cas être égal à 1 ou 2. C'est la raison pour laquelle nous commençons les explications à l'Impératrice.

1
Les écueils

Quelle que soit la lame vécue en écueil, vous pouvez vous appuyer sur l'arcane existant en protection pour dépasser ce défi.

L'Impératrice, lame 3

Je ne crois pas en moi, je suis dans une confusion mentale totale et j'abandonne tous mes projets.

L'Empereur, lame 4

Je m'enferme dans un cadre trop petit, mes bases sont fragilisées aussi, je n'arrive pas à réaliser mes projets et à consolider mes acquis, j'étouffe.

Le Pape, lame 5

Je manque d'ancrage. Je ne sais plus quelles sont mes valeurs, je suis décentré, désorienté, je me renie.

L'Amoureux, lame 6

Je n'ai pas d'estime pour moi-même. L'avis des autres guide mes choix, je suis influençable et me sens perdu.

Le Chariot lame 7

Je suis à l'arrêt, car ma route est jonchée d'épreuves. En conflit intérieur, je ne crois plus en moi, je suis stressé.

La Justice, lame 8

Je n'officialise rien, je lutte sans cesse, me sens attaqué, victime d'injustice, je suis déséquilibré, injuste avec moi-même et les autres.

L'Hermite, lame 9

Je m'exclus, la solitude me pèse et fait de moi un être morose. Je n'avance pas et suis lent en tout.

La Roue de Fortune, lame 10

Ma vie m'échappe, je ne contrôle rien, je subis mon existence et laisse les autres dicter mes actes.

La Force, lame 11

Mes émotions non gérées me détruisent. Je suis toujours en colère, je retourne toute ma puissance et mon énergie contre moi et je suis épuisé.

Le Pendu, lame 12

Je ne connais que les contraintes, les sacrifices et suis en souffrance permanente. Je m'attache à des liens qui me blessent, je m'y perds et m'abandonne moi-même.

L'Arcane sans Nom, lame 13

Je suis mal dans ma vie, en perte de sens, crispé, je souffre, mais refuse de changer ce qui ne me convient plus.

Tempérance, lame 14

Je suis dans la valse, un pas en avant, un pas en arrière. Malheureux, tout est lourd dans ma vie. Je me coupe de toute communication.

Diable, lame 15

J'obtiens ce que je veux en manipulant les autres et en me leurrant. Mes passions me dévorent, je m'y enchaîne en faisant de ma vie un enfer.

La Maison Dieu, lame 16

Je suis enfermé à l'intérieur de ma propre prison, incapable de changer mes programmations. Je détruis tout dans ma vie.

L'Étoile, lame 17

Je souhaite réaliser mes rêves, mais je n'ai foi ni en moi ni en la vie. Je doute de tout, mes espoirs restent vains, je m'abandonne et ne vois plus la lumière.

La Lune, lame 18

Je me noie dans mes émotions. Je ne fais rien de mes richesses intérieures, de mes désirs. Je me perds à l'intérieur de moi-même, suis angoissé et dans l'illusion.

Le Soleil, lame 19

Je suis hyper émotif, aveuglé par ma lumière que pourtant je ne perçois pas et qui me brûle. Mon ego démesuré brille trop, ou dévalorisé, s'éteint dans l'oubli.

Le Jugement, lame 20

La vie et ce que pensent les autres de moi résonnent comme un jugement lourd et injuste. Je risque alors de me couper de toute communication. Je risque également de couper le lien subtil qui m'unit à mes guides. J'étouffe de tristesse. Je dois arrêter de ruminer.

Le Monde, lame 21

Je n'ai aucune confiance en moi, et suis persuadé de ne rien réussir. Je m'enferme dans mon fonctionnement d'échec, le monde me fait peur et tout me paraît insurmontable.

Le Mat, lame 22

J'erre sans but. Je sais que je dois tout lâcher, tout quitter pour ne garder que l'essentiel, qui m'aidera à donner un sens à ma vie, mais je ne le fais pas. Perdu, en colère contre tous, je me marginalise et me détruis.

2
Les protections

~~*~~

L'Impératrice, lame 3

Organisé, sûr de moi, j'élabore un projet de bout en bout tel un architecte. J'accueille l'énergie Universelle et la laisse m'inspirer.

L'Empereur, lame 4

Je sais que je peux construire, réaliser tous mes projets, j'avance, guide et dirige en écoutant mon cœur. J'embellis chaque chose et redonne un sens noble à la vie.

Le Pape, lame 5

Bien ancré dans ma vie terrestre, je suis un être bienveillant guidé par mes propres valeurs. Je suis pacifié, serein. Je puise ma sagesse tant dans les expériences terrestres que dans mes connexions célestes.

L'Amoureux, lame 6

Je m'arrête pour regarder quel chemin je veux prendre, je le choisis en conscience et en accord avec moi-même. Je reconnais et accueille ma part divine et y reste fidèle.

Le Chariot lame 7

Je comprends que tout obstacle est une expérience que je peux maîtriser et dépasser. Je ne doute ni de ma puissance bienveillante ni de ma part divine et avance, sans me retourner, vers ma réalisation.

La Justice, lame 8

Par Amour Inconditionnel pour moi et les autres, je décide de faire ce qui est bon et juste, ce qui me maintient dans un équilibre énergétique solide. Cet équilibre me permet de rester centré entre le ciel et la terre, toujours à la recherche de la justesse.

L'Hermite, lame 9

Je prends le temps de m'éclairer du message de chaque expérience des vies passées et de ma vie actuelle, j'y puise ma sagesse. C'est à l'intérieur de moi-même, dans le silence de mon Être que je me ressource.

La Roue de Fortune, lame 10

Je suis un Être autonome, capable de donner l'impulsion juste pour faire aller ma vie dans le sens que je choisis. J'ai conscience que chaque épreuve vécue me permet de régler une mémoire et de tourner la roue de mon destin. Ainsi rassuré, j'avance confiant.

La Force, lame 11

Entre Ciel et Terre, je reçois l'énergie de la vie et me sens équilibré au milieu de la nature comme des humains. J'avance puissant et doux, je suis un pilier. L'Univers me remplit de son énergie et m'en donne la maîtrise. Je la distribue, apportant soutien et guérison.

Le Pendu, lame 12

Je lâche prise et me détache de la souffrance qui me lie aux autres. Je fais confiance à la vie et à l'Univers pour guider mes pas. J'arrête toute agitation extérieure pour mieux écouter mon cœur et mon âme m'insuffler le chemin à suivre et l'attitude à adopter.

L'Arcane sans nom, lame 13

Je nettoie tout mes pensées négatives, mes émotions douloureuses, mes comportements erronés et mes relations toxiques. Je suis authentique. Un nouveau souffle vibre en moi. Je suis le renouveau, la renaissance, la vie.

Tempérance, lame 14

Je me connecte à Dame Nature, à l'invisible, à mon âme et je me guéris. Je diffuse lumière et douceur. Je communique avec tous les mondes et me laisse guider par leur magie. Je danse la vie et la joie.

Le Diable, lame 15

Extrêmement lucide, aimant et puissant j'éclaire sans fioriture mes travers et j'amène la lumière dans mes zones d'ombre. Je transforme alors mes frustrations en bonheur et bienveillance.

La Maison Dieu, lame 16

Je suis capable de me déprogrammer et me reprogrammer régulièrement pour une remise en question réelle et profonde. Cette force alliée à mon intelligence me permet d'anticiper sur les évènements et d'agir en conséquence. Libéré de toutes mes prisons, je vis l'état de grâce.

L'Étoile, lame 17

Je reconnais toutes les qualités et la beauté de mon corps. Guidé par la lumière, ma foi en moi, en la vie, en l'amour, en l'univers est immense et m'apporte joie, espoir et abondance. Je dépose tous mes doutes et mes peurs et m'en remets à plus grand.

La Lune, lame 18

Ronde, généreuse, belle et lumineuse, je suis « l'une ». Je mets en gestation tout rêve, tout désir et laisse le temps faire son travail de fécondation, puis je donne vie, dans la douceur et dans l'amour.

Le Soleil, lame 19

Je suis conscient de la pureté de ma lumière. Je rayonne et l'offre – ainsi que mon amour – aux Hommes, à la Terre et à la vie. Je donne beaucoup et reçois tout autant.

Le Jugement, lame 20

Libéré de tout karma et de toute négativité, je me régénère. En lien avec mon être profond, j'avance serein en écoutant ma petite voix intérieure qui me guide.

Le Monde, lame 21

Conscient de toute la beauté des mondes (humain, animal, végétal, minéral) j'y ai pleinement ma place et me laisse guider par leur grande sagesse respective. Je suis dans la réalisation de mon Être profond. La vie me donne tout ce dont j'ai besoin.

Le Mat, lame 22

Il est temps de laisser derrière moi tout ce qui ne me rend pas heureux. Je définis clairement mon nouveau but et le laisse aimanter mon chemin. Je choisis d'aller vers des mondes inconnus, persuadé qu'ils me mèneront à bon port.

« Rappelle-moi Terre Mère, Père Ciel qui je suis, ton messager divin. Rappelle-moi que l'humanité a besoin de moi pour arrêter le cinéma, les faux-semblants. Mon rôle n'est pas facile, je mets à nu les âmes sans leur mental, certains n'y comprennent rien et me jugeront. C'est égal, jamais je ne lâcherai, car mon but, le sens de ma mission est défini et m'aimante. Allez, allons ensemble, à la quête de notre moi supérieur. »

3
Cas particulier

Quand deux lames sont identiques à des places différentes du thème

Tout d'abord il est important de bien comprendre et de bien s'imprégner des définitions de la lame en question. (Cf. Étude holistique des 22 lames majeures) Cela permet de vérifier comment on fait vibrer cette énergie dans notre vie. Il est intéressant de calculer quelle lame va nous aider à débloquer la situation, si besoin. Dans ce cas on utilise le Mat (22) auquel on enlève la valeur de la lame répétée.

Ex. : quand l'Image de Soi est égale à l'État d'Esprit : 21/07/1938 = 21/07/21, alors l'arcane pouvant nous aider à débloquer l'énergie du Monde (21) est le bateleur (22–21 =1).

4

Exemples de thèmes

Thème 1
Bérénice : 03/07/1980

Bérénice n'en peut plus. Femme au foyer, elle est mariée et mère de trois enfants. Elle est mal dans son couple et dans sa vie. Que doit-elle décider ?

Image de Soi/3 : L'Impératrice nous informe que Bérénice est sans nul doute intelligente et qu'elle fait preuve de créativité. En a-t-elle conscience ?

Ressenti/7 : Bérénice a certainement un émotionnel exacerbé, une certaine dualité et bénéficie d'un fort potentiel de réalisation.

État d'Esprit/18 : La lame de la Lune vient renforcer l'émotionnel exacerbé de Bérénice. Elle a certainement beaucoup d'intuition, un imaginaire fort et beaucoup de féminité. On note également que son rôle de mère est très important.

Personnalité/10 (28=2+8) : La Roue de Fortune (10) vient confirmer l'intelligence de Bérénice ainsi que son besoin de réalisation, d'autonomie et de contrôle de sa vie.

Réalisation/12 : Sa réalisation est possible si elle lâche prise sur beaucoup de choses (souffrance émotionnelle liée à ses relations et un besoin de perfection et de contrôle de tout) et si elle regarde sa vie sous un autre angle.

Moyen pour la réalisation 2 et 8 : (2) La Papesse l'invite à se mettre en contact avec tout ce qu'elle ressent, tout ce que son Être profond lui dit. Elle lui conseille également de trouver des moments de calme et de pratiquer une activité physique pour sentir son corps. (8) La Justice la pousse à trouver un équilibre en étant juste et bonne avec elle-même c'est-à-dire, en pensant à elle.

Voix Intérieure/19 : Elle doit écouter ses rêves (de nuit) et d'enfant pour développer sa joie et rayonner. Elle a beaucoup d'amour à donner.

Mission Personnelle et Collective/11 (47) :

Personnelle : Bérénice a besoin de faire les choses avec authenticité. Un grand besoin de vérité. Elle est invitée à se réaliser en fortifiant son individualité (11 = 1 à côté de 1) et son autonomie. Elle doit sortir de toute fusion, que ce soit avec une mère, un mari ou ses enfants. La Force (11) est au milieu des lames majeures du Tarot de Marseille. Elle confère donc à Bérénice un rôle de pilier. Si Bérénice n'est pas consciente de son individualité, elle est en perte d'énergie totale et n'est un appui ni pour elle ni pour les autres. Cela entraîne une grande fatigue voire un épuisement, une perte de repères et de la tristesse. Elle risque également de ressentir de la colère, car elle sait qu'elle ne s'exprime pas dans sa véritable valeur et se sent rabaissée. Elle a besoin de montrer son originalité et d'en être fière.

Collective : Bérénice doit prendre conscience, en tant que pilier (11), de sa capacité à aider et soutenir tous ceux qui se tournent vers elle. Après avoir validé sa mission personnelle, Bérénice pourra distribuer son énergie, sa force de vie et de caractère à tous ceux qui cherchent à s'affirmer et à se réaliser.

Évolution Spirituelle/11 : Besoin de centrage. Elle est invitée à travailler le corps pour favoriser l'équilibre, la circulation des énergies, la verticalité ce qui devrait lui permettre d'élever sa vision de la vie.

Moyen d'Évolution Spirituelle/47 : 4, L'Empereur dénote un besoin de réalisation par la prise de place dans la société (par le travail) en accord avec son cœur. Le 7, le Chariot lui confère la capacité d'évoluer au niveau personnel. Elle doit harmoniser l'émotionnel et le mental pour avancer sereinement, « gérer ».

Éveil Spirituel/5 : Bérénice est en recherche profonde de sérénité. Panser les blessures de son passé, écouter ses besoins profonds, s'appuyer sur ses valeurs et ses propres lois l'amène à pacifier pleinement son âme aujourd'hui.

Atout ^{1}/10 : Quelles que soient les tempêtes, elle doit maintenir le cap qu'elle a choisi. Elle ne doit pas douter. Elle est capable de transformer à tout moment ce qui ne va pas dans sa vie. Elle doit s'autoriser à changer de direction et d'orientation quand ça ne correspond plus à ses aspirations.

Atout ^{2}/7 : Son intelligence et sa détermination lui permettent d'affronter toutes les épreuves, toutes les expériences de la vie et d'en sortir victorieuse.

Tunnel ^{1}/4 : Bérénice doit prendre conscience de son grand potentiel, de son besoin d'être responsable et de mettre tout en œuvre pour réaliser ce qui lui tient à cœur. Elle doit être le chef de sa vie, l'empereur de son propre empire. Personne ne peut diriger sa vie à sa place.

Tunnel ^{2}/11 : Ce 11 donne de la force et de la puissance à tout le reste, dans tous les domaines. Bérénice doit impérativement apprivoiser ses émotions, bien maîtriser ses pulsions, ses spontanéités pour ne pas qu'elles se transforment en colère et violence.

Sésame des Atouts/17 : C'est en prenant confiance en elle et en accueillant toutes ses capacités qu'elle pourra répondre à son besoin d'autonomie (10) et s'autoriser à évoluer (7), à avancer dans sa vie en dépassant les éventuels obstacles. L'Étoile, la 17 est également une invitation à élever le regard au-delà de la vie terrestre et croire en sa bonne étoile.

Sésame des Tunnels/15 : Besoin de reconnaître ce qui ne va pas afin de le transformer (amener de la lumière dans ses zones d'ombre) et le guérir. Elle ne doit plus douter de son intelligence. Se servir de son grand pouvoir d'amour pour elle-même et pour les autres, ainsi que de sa puissance d'action, permet la réalisation du 4 (L'Empereur) et fortifie son identité.

Maîtrise/5 : À partir du moment où les Atouts et les Tunnels sont bien compris et vécus de façon positive, la maîtrise 5, le Pape, prend tout son essor. Il vibre en elle comme une boussole guidant ses agissements dans la vie. Elle se met enfin en contact avec ses propres valeurs et s'appuie sur elles. Elle acquiert aussi une certaine sérénité ; cela pacifie ses ressentis et ses pensées. La puissance du Pape lui donne le courage de regarder sa vie en face et d'en assumer l'entière responsabilité avec détachement. Ce qui préserve de la culpabilité et du jugement.

Bagages Émotionnels/14 : Bérénice ramène une très grande sensibilité et une difficulté à se positionner. Elle doute souvent et remet en cause tout et son contraire. On note aussi une certaine difficulté à communiquer et à passer à l'action. Elle a beaucoup de mal à faire vibrer la joie dans sa vie. Cela peut même engendrer un état dépressif sévère.

Chemin de Guérison/19 : elle doit réaliser qu'elle est lumineuse et qu'elle a une énergie extrêmement solaire, chaleureuse, pleine d'empathie. C'est en retrouvant son âme d'enfant et ses rêves que vibreront son rayonnement, sa joie, son optimisme et son énergie.

Don Recouvré/19 : En faisant vibrer le chemin de guérison, l'énergie de la 19, le Soleil se révèle. Elle peut alors s'appuyer sur sa puissance d'amour pour elle et pour les autres. Elle est capable d'agir afin de se mettre en chemin pour réaliser ce qui parle à son cœur. À cette place-là, la lame 19, le Soleil, met à la disposition de Bérénice toute sa joie. Cette puissance révélée, aimante le meilleur et facilite tout ce qu'elle entreprend.

Guérison de l'Âme/10 : En prenant conscience de son intelligence, de ses capacités et de son pouvoir créateur, Bérénice se met en route. Grâce au travail de guérison, elle acquiert l'autonomie nécessaire pour donner la juste impulsion à la Roue de Fortune 10, prenant ainsi sa vie en main. L'âme, guérie de ses blessures, peut enfin réaliser ce pour quoi elle s'est incarnée.

Puissance de l'Âme/5 : L'équilibre vient d'une parfaite union et communication entre le ressenti et le mental, entre la partie humaine et la partie spirituelle. Bérénice bénéficie et peut s'appuyer sur toutes les valeurs qui vibrent en elle : compassion, empathie, bienveillance (5) afin de trouver et prendre pleinement sa place « de pilier » (cf. mission personnelle et collective : 11) sur le plan humain. Au niveau spirituel, Bérénice peut aller au plus haut sommet d'elle-même et entrer en contact avec son Être Supérieur. Elle regarde alors sa vie, les expériences vécues avec une grande sagesse.

Écueil/20 : Avec la lame 20, Le Jugement, le risque majeur est de se sentir juger et de se couper de ses relations. En agissant ainsi c'est l'énergie de vie que l'on coupe, enlevant tout sens à l'existence. Seul un sentiment douloureux d'exclusion persiste. Bérénice doit alors s'appuyer sur la lame présente en protection.

La Protection/22 : Bérénice doit laisser de côté tout ce qui ne la rend pas heureuse au risque de déplaire. Elle doit définir un but qui met son âme en joie afin que celui-ci guide ses pas. Il est indispensable qu'elle accepte comme un atout son originalité et qu'elle s'en serve concrètement dans tous les domaines de sa vie.

Vibration de l'Être Supérieur/6 : Bérénice s'installe totalement dans un profond respect et dans une profonde estime d'elle-même. Nourrie par les désirs de son âme, ses choix sont clairs, pleinement assumés et sources d'une grande joie. Dans chaque domaine de sa vie et à chaque instant elle sait se positionner sans hésitation, en tenant compte de ce qui est juste et bon pour elle.

Pour résumer

Avant de prendre une décision concernant sa vie familiale et sa vie de couple, Bérénice doit s'occuper d'elle et reprendre confiance. Pour y arriver, elle est invitée à recouvrer ce qui animait son âme d'enfant et qu'elle a sûrement mis de côté pour s'investir pleinement dans ses rôles d'épouse et de mère au foyer. Elle doit impérativement prendre le temps de donner vie à ses aspirations. Pour ce faire, elle a plusieurs atouts :

Faire confiance à son intuition et à ses ressentis. S'appuyer sur ses capacités de créativité. Prendre conscience de ses qualités, les nommer, les reconnaître et se les approprier l'amèneront à avoir confiance en elle. De ce fait, elle pourra s'accorder du temps et relativiser ses obligations familiales. Ainsi, bien équilibrée, elle sera alors capable de regarder son parcours et sa vie de couple sous un autre angle, revoir ses priorités et s'investir dans de nouveaux projets. Le fait de se mettre en confiance, de nourrir ses rêves et de leur donner vie devrait pacifier son Être, apporter de la joie à son cœur et lui permettre de décider sereinement de ce qu'il y a de mieux pour elle et pour sa famille.

Thème 2
Gabriel 08/01/1958

Gabriel est à la retraite depuis deux ans. Il est morose. Avant il avait beaucoup de contacts grâce à son travail, aujourd'hui il est très seul. Il vit mal cette solitude et ce changement. Que peut-il faire ?

Image de Soi/8 : Il a tout pour être lucide. Ne se leurre pas. Ne sait pas faire semblant. Il ne peut pas cacher son mal-être quand il ne se sent pas à sa place, cela entraîne un sentiment d'injustice voire de colère. Avec la lame 8 (la Justice), c'est forcément quelqu'un de très tranché avec tout ce que cela implique de positif et de négatif.

Ressenti/1 : Il a tous les outils et il en est conscient. Or Gabriel n'est plus dans des conditions extérieures favorables (retraité : il ne bénéficie plus d'un cadre professionnel et n'a plus autant de contacts) pour utiliser ses outils. Son côté « entrepreneur » est très frustré. Cela entraîne un sentiment de solitude, une perte de joie et de sens de sa vie. Il manque d'entrain.

État d'Esprit/5 : Il a plein de valeurs et se montre très honnête. Son expérience professionnelle fait de lui un spécialiste qualifié pragmatique. La lame 5, Le Pape lui confère également des qualités d'écoute, de conseils dans la bienveillance. Gabriel doit prendre conscience de sa capacité à transmettre ses connaissances.

Personnalité/14 : Grand communiquant, la douceur et la joie de vivre de Tempérance (14), viennent équilibrer le côté rigide des lames 8 (la Justice) et 5 (Le Pape) de Gabriel. Cette même lame accentue le côté joyeux de la lame du Bateleur (1), mais aussi la difficulté de Gabriel à vivre seul.

Réalisation/8 : Gabriel se réalise en prenant conscience qu'il peut être utile aux autres d'une manière différente de lorsqu'il travaillait. S'investir de façon bénévole sans attendre autre chose que la joie éprouvée à donner, sans condition, répond à un grand besoin d'équilibre du 8 (la Justice) entre la matière et le spirituel.

Moyens pour la Réalisation/14 : On interprète le 1 (Le Bateleur) et le 4 (L'Empereur) : Il doit oser entreprendre et utiliser différemment ses outils de communication, de créativité avec Le Bateleur (1). Oser continuer à être actif et embellir sa vie (4).

Voix Intérieure/5 : Cette voix lui dit, lui confère la certitude qu'il est un accompagnateur, un tuteur de confiance, efficace et plein de valeurs. Il est important qu'il accueille cette capacité sans contester.

Mission Personnelle et Collective/19 :

Personnelle : s'il écoute sa voix intérieure, met en place son activité bénévole, il va rayonner, être plein de joie et de chaleur.

Collective : C'est la confirmation qu'il peut apporter beaucoup aux autres. Que son rayonnement peut être bénéfique pour tous.

Évolution Spirituelle/3 : C'est une invitation à faire quelque chose de tout ce qui lui est insufflé. Matérialiser ses désirs, ses souhaits inassouvis pendant sa vie, tout ce qui parle à son cœur tout ce qui vibre dans ses « tripes », devient une nécessité absolue.

Moyens d'Évolution/19 : On interprète le 1 (Le Bateleur) et le 9 (L'Hermite). Il doit oser (1) faire quelque chose de ses propres expériences (9). C'est une invitation à élever sa vision de la retraite et de la vieillesse pour les envisager comme une opportunité de partager sa sagesse, de débuter un nouveau cycle (9) et non comme « une finitude ».

Éveil Spirituel/11 : En tenant compte, en respectant ses aspirations profondes de partage et en les faisant évoluer à un niveau spirituel, il se fortifie, retrouve de l'énergie et devient un pilier pour les autres. Il est invité à développer de plus en plus sa capacité de connexion à la nature et à d'autres plans de conscience.

Atout ^{1}/9 : Il doit apprendre de toutes ses expérimentations. La sagesse qui en découle lui permettra de transmettre et de former les autres, c'est un tuteur. Il doit faire de la solitude un moment d'introspection précieux pour en tirer les leçons qui le feront évoluer.

Atout ^{2}/6 : Il peut s'appuyer sur sa facilité à communiquer avec bienveillance. Il doit se servir de sa capacité à accompagner chacun en respectant leur personnalité propre. C'est un vrai altruiste.

Sésame des Atouts/15 : Avec la lame 15 (le Diable) aucun risque de perdre son charisme et son aura. Gabriel doit se convaincre qu'il est capable d'être un bon tuteur. Il doit pour cela regarder et guérir ses zones d'ombre afin de rectifier ses travers et ses erreurs.

Tunnel ^{1}/7 : Gabriel a la capacité de dépasser les éventuelles épreuves à condition de ne pas se laisser noyer par ses émotions et parasiter par les tergiversations de son mental. Il doit veiller à ne pas tomber dans un excès de travail qui pourrait n'être qu'une fuite ou dans une dévalorisation totale quand il n'a plus d'activité (retraite). Dans les deux cas, cela entraîne un blocage, un mal-être et l'arrêt de son évolution et pourrait le faire douter de sa grande intelligence et de toutes ses capacités.

Tunnel 2/4 : Il doit absolument rester actif, mais cette énergie d'action doit servir à embellir toute forme de vie.

Sésame des tunnels/11 : La détermination, la foi, la confiance en ce qu'il est, dans le sens qu'il donne à sa vie, sont indispensables à son évolution dans la joie.

Maîtrise/8 : En s'appuyant sur ses atouts 9 (l'Hermite) et 6 (L'Amoureux) et en acceptant d'avancer, de s'impliquer pour les autres sans y chercher un bénéfice personnel, Gabriel respecte sa vraie nature 8 (La Justice). Il est dans un équilibre parfait, bon et juste avec lui-même et les autres quand tout passe par son cœur. Il ne recherche pas un profit personnel. Il répond ainsi au besoin de la 8 (La Justice) de veiller à donner à chacun la même chance.

Bagages Émotionnels/16 : Gabriel revient dans cette vie avec le risque de ne pas se remettre en question et d'imposer sa volonté comme étant la seule vérité. Ce bagage l'enferme dans un fonctionnement douloureux lui donnant l'impression d'être impuissant. Il est important pour lui de reconsidérer régulièrement ses schémas de pensées afin de les changer, si nécessaire, à son bien-être et celui des autres.

Chemin de Guérison/6 : Il doit veiller à ce que son comportement respecte ses choix et sa nature profonde afin de fortifier sa propre estime, s'autoriser à aimer pleinement les autres sans jamais se renier. Ainsi, il va valider la maîtrise 8 (lame de justesse, équilibre parfait et amour sans condition).

Le Don Recouvré = Chemin de Guérison/6 : Pour bénéficier du Don Recouvré, le chemin de guérison doit être totalement accompli. À cette étape-là, Gabriel peut s'appuyer sur sa capacité à aimer, à être aimé et sur la justesse de ses choix pour se positionner dans l'estime de lui-même.

La Guérison de l'Âme/16 : On constate dans ce cas que Gabriel a la même lame en bagage émotionnel. Le défi est de passer du blocage à la libération totale sur la même lame. Il est donc important de bien comprendre et accueillir tout ce que la lame 16 (la Maison Dieu) lui propose : La remise en question de ses pensées, de ses actes, de son ego est incontournable. Ainsi il guérira ses blessures d'enfermement et éveillera sa conscience aux sources subtiles. Il vivra pleinement sa vie terrestre comme spirituelle, lui amenant paix, joie, amour.

La Puissance de L'Âme/18 : Après avoir bien intégré la leçon de guérison de la Maison Dieu (16), Gabriel est invité par la lame 18 (la Lune) à accueillir sa créativité et développer son intuition. Grâce à l'énergie « yin » de la Lune, Gabriel tempère son caractère très « yang », laisse émerger sa part féminine, pleine de douceur, d'imaginaire et de clairvoyance pour lui comme pour les autres. Investi de cette puissance, il offre à chacun sa douce lumière.

La Vibration de l'Être Supérieur/6 : Altruiste dans l'âme, Gabriel a sans nul doute des capacités extraordinaires pour aider chacun à trouver sa propre voie et prendre sa place dans la vie. Son rayonnement d'Amour Inconditionnel fait de lui un transmetteur de pure vibration spirituelle : un homme suffisamment éveillé pour accéder à des plans supérieurs de conscience, à leur sagesse et qui sait comment la transmettre avec bienveillance.

Pour résumer

Gabriel ne supporte plus cette exclusion de la vie sociale dans laquelle l'a mis la fin de sa carrière professionnelle depuis deux ans. Il doit s'appuyer sur ses nombreuses qualités d'altruisme pour recréer des contacts. La période de retraite pour Gabriel est une opportunité fabuleuse pour s'ouvrir à des activités bénévoles. Il doit réaliser que toutes ses capacités de formateur, de communication, de créativité et sa grande expérience, doivent aujourd'hui, lui servir à accompagner, enseigner et aider les autres à faire des choix pour leur propre vie. Il peut initier le changement chez les personnes en quête d'apprendre à se découvrir, s'aimer, se respecter, s'entraider et se positionner. Il les amènera à voir la vie sous des angles différents afin d'aller vers un mieux-être.

Il leur sera d'une aide précieuse et pacifiera, par la même occasion, son Être.

Thème 3
Benjamin 11/06/1977

Benjamin arrivé à 44 ans, après un contrôle médical, apprend qu'il a développé un cancer de la peau et ne sait pas quoi faire de cette information. Très sportif, il est très impliqué dans sa carrière militaire. Angoissé, il se sent impuissant et se pose mille questions au sujet de ses habitudes de vie.

Image de Soi/11 : Jusqu'au diagnostic posé, Benjamin se considérait comme quelqu'un en bonne santé, de nature forte, incapable d'être affaibli, et donc en mesure d'affronter toute épreuve. Peut-être a-t-il comme habitude de foncer en mettant de côté ses émotions.

Ressenti/6 : Il a sans aucun doute une sensibilité exacerbée, avec des émotions très fortes qui peuvent, malgré sa nature forte, le déstabiliser.

État d'esprit/6 : En temps ordinaire, Benjamin fait preuve de discernement, il est capable de faire des choix éclairés et de prendre des décisions. Dans ce contexte de maladie, sa vision de la vie est perturbée par un émotionnel bouleversé et l'empêche de rester objectif.

Personnalité/5 : Son calme légendaire est fragilisé par ce bouleversement. Habitué à tout maîtriser dans sa vie (11, La Force),

Benjamin perd pied ! Il a du mal à rester serein et à calmer son émotionnel. Il a besoin d'aide et avec Le Pape (5), cela risque d'être difficile à accepter.

Réalisation/17 : Il est important pour lui d'avoir confiance en sa capacité à faire face à cette épreuve comme à faire confiance en ceux qui ont les compétences pour le soigner. Avec cette lame, il est invité à prendre soin de lui, à respecter des plages de repos et de calme. Écouter son corps est une priorité.

Moyens de Réalisation/2 et 3 : Avec la Papesse (2), Benjamin doit accepter de se poser et d'aller écouter son discours intérieur afin de calmer son agitation mentale. Avec l'Impératrice (3), mille questions se bousculent dans ses pensées. Il doit absolument y mettre de l'ordre : les nommer, les clarifier afin d'apaiser son mental et de définir ses priorités.

Voix Intérieure/5 : Benjamin doit aller écouter au plus profond de lui les messages les plus calmes, sereins et sages. Ceci lui permettra de rester lucide, capable de prendre des décisions sans paniquer et de maintenir son Être en paix. Cette lame 5, Le Pape, l'invite à tenir compte de ce qu'il ressent, à prendre le temps d'accueillir ses émotions et de changer son tempérament de « fonceur. »

Mission personnelle et collective/10 :

Personnelle : Avec la Roue de Fortune (10), Benjamin est très autonome, indépendant et décisionnaire. C'est un atout car ce trait de caractère laisse entendre qu'il va s'impliquer de façon active et responsable dans son traitement.

Collective : Avec la Roue de Fortune (10), Benjamin a un sens des responsabilités vis-à-vis de ses proches. Conscient du stress occasionné par cette nouvelle, il fera tout pour limiter l'angoisse de ceux qu'il aime et pour montrer sa détermination à faire face. Cela aidera considérablement sa famille à rester positive et aidante.

Évolution Spirituelle/12 : Sportif, Benjamin a des aptitudes à lâcher les tensions physiques. En tant que militaire, il sait se détacher de ce qui n'est pas essentiel et prendre du recul sur toute situation difficile. Dans le cas de sa maladie, après avoir pris le temps de digérer le diagnostic, il devrait donc trouver les ressources pour se défaire de la souffrance créée par la nouvelle. Il est capable de transformer son état d'impuissance en regardant la situation sous un autre angle, réaliser qu'il a un rôle à jouer pour mettre toutes les chances de guérison de son côté.

Moyen pour Évolution Spirituelle/2 et 8 : Cette situation l'amène à porter plus d'intérêt à son être intérieur (2, La Papesse). Ceci va l'aider à trouver de nouvelles ressources, autres que l'activité physique pour aller mieux. Avec la Justice (8), Benjamin est invité à vérifier qu'il est bon et juste avec lui-même dans ses pensées, dans ses ressentis et dans ses actes. Cela devrait l'aider à ne pas surestimer sa résistance à la fatigue, sa capacité à gérer seul, à accepter ses états de faiblesse, et tout ce qui va se présenter.

Éveil Spirituel/11 : Benjamin est amené à trouver sa bouffée d'air frais dans la connexion à la nature, à s'ouvrir à des énergies subtiles, nouvelles pour lui. Cela lui apportera une force différente de celle qu'il connaissait, douce et puissante à la fois. La perte de contrôle due à sa maladie n'entrave pas sa capacité à rester maître de sa vie.

Atout [1]**/17 :** La confiance en lui-même et dans la vie sont des atouts considérables. Cela lui permet de dépasser toute épreuve. Cette confiance lui confère également une grande résilience.

Atout ²/12 : Fortifier son lien à la nature et adapter son activité physique en tenant compte de son état du moment est un atout majeur pour traverser cette période et préserver un bon équilibre. À chaque souffrance, envisager la situation sous un autre angle, lui permet de désamorcer la charge émotionnelle et de rester lucide.

Sésame des Atouts/11 : Cette lame, la Force (11) placée là rappelle à Benjamin combien sa force intérieure est présente à condition qu'il ne l'oublie pas.

Tunnel ¹/5 : Benjamin ne doit pas voir sa maladie comme étant une raison de changer l'estime de lui-même et de ses capacités pour assumer sa vie. Avec le Pape (5), il est important qu'il reste tel qu'il est, un homme conscient de ses valeurs, bienveillant, tourné vers les autres afin de ne pas envisager sa vie dorénavant comme vide d'intérêt et se sentir inutile pour les autres. Ce Pape l'invite également à faire confiance aux spécialistes de la santé qu'il a choisis et à ne pas douter de leur bienveillance.

Tunnel ²/22 : Il est important que Benjamin ne perde pas de vue le but qui a jusqu'ici aimanté sa vie et ses choix. En gardant le cap, il sera toujours maître de son destin, capable de mettre en place des objectifs qui lui donneront la dynamique nécessaire.

Sésame des Tunnels/9 : Pour l'aider à continuer son chemin, l'Hermite (9) met à la disposition de Benjamin, sa capacité d'introspection afin d'éliminer les émotions négatives, et lui rappelle de se servir des expériences où il a fait preuve de courage, de certitude et d'espoir.

La Maîtrise/11 : En comprenant et en s'appuyant sur ses Atouts et ses Tunnels, Benjamin va découvrir la puissance de la lame 11 (La Force) : la force psychologique, la force mentale, la force intérieure. Ces forces-là ne se substituent pas aux forces physiques et de leader qu'il avait développées avant la maladie, mais qu'elles viennent les compléter. Il doit intégrer cette vision de La Force (11) comme faisant de lui un pilier.

Bagages Émotionnels/22 : Avec le Mat (22), il revient avec la difficulté de maintenir le but dans sa ligne de mire. Le risque étant de se sentir profondément seul, perdu et s'exclure de la vie sociale. Il doit veiller à s'appuyer sur ceux qu'il aime et qui l'aiment pour garder le cap et la tête hors de l'eau.

Chemin de Guérison/6 : La condition absolue pour conserver l'estime de lui-même est qu'il n'oublie pas de demander de l'aide et qu'il accepte le soutien des autres. C'est une occasion d'être dans l'échange et dans le partage, peut-être aussi de découvrir un sens différent de la fraternité.

Le Don Recouvré/6 : Grâce au chemin de guérison, Benjamin a l'occasion de communiquer avec énormément d'humanité. Ainsi, il sera plus enclin à accepter ses moments de faiblesse comme ceux des autres. C'est une opportunité de développer pleinement l'estime de lui-même, sans douter de sa valeur.

Guérison de l'Âme/4 : En s'appuyant sur le don recouvré 6 (l'Amoureux), en utilisant au mieux son énergie, Benjamin pourra faire vibrer l'Empereur (4) dans toute sa puissance. L'Empereur (4) met à disposition une énergie de leader pleine d'amour, constructive, embellissant toute chose, humaine, joyeuse, nourrissante. L'énergie du 4 fortifie son Être, son ancrage et sa vitalité.

Puissance de l'Âme/9 : Benjamin bénéficie de la puissance du 22 (Le Mat) et de sa capacité à se libérer des poids de la vie, en lâchant tout combat, toute lutte (12, Le Pendu). Il conscientise alors sa force intérieure (11, La Force) et il fait de sa guérison un but. Cette maladie est une occasion pour lui de laisser émerger son identité profonde. En effet, il n'a plus besoin de répondre aux rôles professionnel, social, familial, il a juste à laisser s'exprimer ce qu'il est, ce qu'il ressent en accord total avec son Être profond. En se donnant la liberté d'agir ainsi, Benjamin va pouvoir s'installer dans la force tranquille, pérenne de l'Hermite (9) et dans une sérénité bienvenue pour affronter cette épreuve.

L'Écueil/11 : Il doit veiller à ne pas laisser ses émotions et le stress le déstabiliser et créer des tensions physiques et mentales ; ce qui pourrait engendrer de la colère et nuire à sa santé. Benjamin ne doit pas oublier qu'il ne part pas au combat du « militaire », mais à la quête de la puissance de sa sagesse, et de sa paix intérieure. Il s'agit d'aller faire vibrer la 11 (La Force) dans sa dimension la plus spirituelle pour ne pas s'épuiser et pour bénéficier d'une énergie revitalisante.

Protection/4 : En tenant compte de tous les conseils de son thème tarosophique, Benjamin se donne la possibilité de vivre intensément tous les moments présents (4, l'Empereur) amenant ainsi un flux énergétique bénéfique et une dynamique, source de joie et d'optimisme. Cela lui permet de garder espoir et de continuer à nourrir des projets.

Vibration de l'Être Supérieur/15 : Benjamin doit vraiment prendre conscience que son comportement, son fonctionnement, ses émotions ont participé à tout ce qui a pris forme dans sa vie. En acceptant cela, il se libère de ses chaînes et redevient le maître de son destin. À cette étape, Benjamin a la possibilité de réaliser qu'il « a un cancer, mais qu'il n'est pas ce cancer », ainsi il n'est pas une victime impuissante et écrasée sous le poids de la maladie, mais reste « l'Empereur » de sa vie et de son empire, de son corps. Il est maître de ses choix, de ses décisions, en aucun cas affaibli par la maladie. Il conserve son charisme, son aura, ses capacités de séduction, d'humour et d'intelligence (Le Diable, 15).

Pour résumer

Benjamin à 44 ans est dans la force de l'âge. Grâce à une bonne hygiène de vie corporelle (Benjamin est sportif et militaire) et grâce à un mental entraîné aux décisions rapides et pragmatiques, Benjamin a toujours joui d'une santé physique et mentale saine. Suite à l'annonce du cancer de la peau, Benjamin est désemparé. Il ne comprend pas et a du mal à digérer la nouvelle. « Il est à terre » ! Il est amené à accepter qu'il ne puisse pas affronter cette épreuve tout seul. Il va devoir envisager ses ressources sous un autre angle et puiser ses forces au fond de lui en comptant sur le soutien de ses proches et du corps médical. Il a toutes les qualités pour continuer à rester acteur dans ce parcours de santé comme dans sa vie. Il est invité à reconsidérer ce que « être fort » signifie pour lui. Ainsi, il va réaliser qu'il y a plusieurs façons « d'être fort ».

Benjamin n'est pas au combat comme dans sa profession, il ne doit pas lutter contre ses ressentis et ses peurs, mais les accueillir, les écouter. Il n'a donc pas besoin d'utiliser la même force. Il s'agit ici de fortifier l'élan de vie, de joie en s'appuyant sur une sagesse et une paix intérieure. C'est ainsi qu'il réussira à pacifier ses émotions, à rester confiant et à garder l'énergie pour avancer. Il serait judicieux pour Benjamin de revoir ses habitudes de vie : marcher au lieu de courir, se reposer plus régulièrement. Il doit tenir compte de ses nouvelles limites en fonction des traitements et des réactions physiologiques de son corps et surtout ne pas considérer tous ces changements comme des faiblesses et des échecs. Plus Benjamin va se mettre en contact avec sa force intérieure, va écouter ses ressentis, rester indulgent et patient, plus il sera détendu et adoptera le meilleur état d'esprit pour contribuer à l'efficacité du traitement.

5

Étude holistique*
des 22 lames majeures

* Pourquoi suis-je mal dans mon corps, mon travail, mes relations, ma vie sentimentale ?
* Pourquoi suis-je sur Terre, quel sens a ma vie ?
* Que dois-je faire pour aller mieux, être heureux ? Etc.

Pour vous aider à trouver vos réponses, nous vous proposons une étude pragmatique des 22 lames majeures du Tarot de Marseille dans trois domaines de la vie de tout humain : corporel, émotionnel, spirituel.

Chaque image apporte la sagesse et la richesse de son enseignement. En prendre connaissance vous aidera à mieux vous connaître et vous donnera les pistes à suivre, les moyens pour aller vers un mieux-être.

Vous serez invités, grâce aux conseils de ces lames, à être délibérément ACTEURS de votre vie.

Derrière chaque arcane une énergie vous parle, vous soutient et vous guide.

Vous trouverez sous la représentation de chaque lame des mots-clefs.

Le Bateleur
J'ose

Les mots-clefs

*Courage, aptitudes artistiques, dons, début de la quête, relation au père, légèreté, persévérance, engagement.

*Égoïsme, insouciance, jeu, dispersion, énergie bloquée, solitude.

« *Fais de ta vie un rêve et d'un rêve une réalité.* »

Antoine de Saint Exupéry

Regarde au loin, vois-tu ce chemin qui se profile à l'horizon ?

Tu es aujourd'hui à l'aube de ta vie, tout au début de ta quête.

Contemple comme ce sentier semble merveilleux, n'as-tu point envie de le parcourir ?

Qu'attends-tu ?

Assez hésité, lève-toi et mets-toi en route vers toi-même. Engage-toi pour la réalisation de tes rêves, pour vivre la vie que tu souhaites.

Elle sera sans nul doute pleine de fabuleuses expériences.

Pour cela, plus le choix : ose être vraiment là pour toi, crois en tes dons et en tes rêves, saute dans le vide et envole-toi.

Mon corps

Moi le bateleur, je dois trouver un équilibre nutritionnel, cela fait partie d'un processus de respect de mon corps.

J'écoute et je réponds de manière juste à mes véritables besoins.

J'ai conscience que mon corps est le plus important de mes outils, celui qui va me permettre d'avancer et d'utiliser toutes mes capacités. En prendre soin, le construire, le fortifier et l'ancrer doit être une priorité.

Je vous invite à faire de même, à écouter votre corps, car il sait vous dire ce dont il a besoin et, quand. Pour vous l'indiquer, il utilise divers indices voire de symptômes. J'ai compris que faire les choses en conscience et être réellement présent permet de repérer tous ces signaux et d'y répondre de manière adaptée. Quand je ne respecte pas cette règle, mon corps se rebelle et je souffre de différents maux tels que : indigestion, douleurs gastriques et reflux. Une faiblesse dans les jambes et un moral dans les chaussettes me préviennent toujours que je ne suis plus dans l'équilibre.

Au niveau ostéopathique, je peux éprouver de nombreuses douleurs quand je refuse de me servir de tous mes atouts. Je suis bancal, ma posture est tordue, mes appuis sont défaillants et de ce fait, je compense, me tords, craque et subis. Je dois impérativement me redresser, être fier de moi et prendre conscience de mes nombreuses capacités. Cela n'est malgré tout pas suffisant, je dois absolument en faire quelque chose !

Mon habitude qui consiste à sans cesse me retourner sur mon passé est néfaste pour mon corps. Ce dernier se vrille et les douleurs articulaires que cela engendre me handicapent et m'empêchent d'aller de l'avant !

Au fur et à mesure que mon positionnement dans la vie change, que celui-ci devient « juste et bon », ma posture s'équilibre et mon squelette également. Mon corps ne souffre plus, il vibre et devient mon allié dans la réalisation de mes rêves.

Mes émotions

Je vous invite à oser l'engagement, reconnaître vos dons, nommer vos outils, les organiser et vous en servir pour vous structurer et être acteur de votre vie ce qui procure joie et bonne santé.

Ma vie a changé quand j'ai enfin pris conscience de mon incroyable potentiel et que j'ai osé l'utiliser. Si je ne m'étais pas lancé alors je crois que je me serai définitivement découragé. J'aurai certainement continué à me dévaloriser, sombré dans la passivité et l'immobilisme.

Je vous l'accorde, cela n'a pas toujours été simple. J'ai dû apprendre à persévérer. À chaque fois que j'ai échoué, j'ai dû trouver le courage de reprendre mes outils et recommencer. J'ai ainsi pu profiter de cet élan d'énergie et je ne me suis pas réfugié dans l'illusion. Je n'ai pas abandonné et cela m'a évité de rêver ma vie au lieu de la vivre.

J'ai cette incroyable capacité à faire de mon quotidien et de mon travail un jeu. Quand je suis bien, tout est léger. J'arrive à dédramatiser et relativiser ce que je vis.

Si je suis honnête avec vous, je dois reconnaître que mon comportement nonchalant et insouciant cache en réalité l'angoisse de grandir, de sortir de l'enfance et témoigne de mes difficultés à me projeter dans l'avenir.

Ma vie spirituelle

Je me trouve au tout début du voyage, de la quête. Je symbolise l'enfant qui ne demande qu'à être initié, instruit, guidé. N'est-ce pas la finalité de tout chemin d'éveil : évoluer, grandir et s'ouvrir à la vie, aux secrets de l'Univers, quoi de plus beau que ce désir-là !

Parfois je ressens un très fort sentiment de solitude et d'abandon, mais ce n'est qu'un leurre. La vérité est que je m'abandonne moi-même. Je m'exclus de la collectivité, de la société et enferme mon âme dans une souffrance profonde. Pour sortir de cette souffrance, pas d'autres choix que de prendre conscience de mon appartenance au Tout. Je dois accepter que seul je ne suis rien et ne peux rien, mais qu'avec les autres et en apportant ma contribution je peux faire évoluer les choses. Comprendre cela développe l'humilité indispensable à mon apprentissage.

Le chemin est long, mais le principal est d'oser le débuter, ainsi l'alchimie de la transformation se fait petit à petit et le plomb se change en or.

La Papesse
Connais-toi

Les mots-clefs

*Intériorisation, sagesse, connaissance ancestrale, habile à l'écriture, réconciliatrice, instinct maternel, confidente.

*Dualité, froideur, possessivité, enfermement, perte de féminité, frigidité, rapport de force avec les autres.

« Je vibre au diapason de l'univers, avec le feu, les océans, les tempêtes, les étoiles... L'énergie de toute la création vient à moi. »

Alexandro Jodorowsky.

Je suis la Papesse.

Grande prêtresse du Tarot de Marseille, c'est en toi dans les profondeurs de ton Être que je t'invite à plonger.

Tu y feras sans nul doute des découvertes extraordinaires.

Tu vas dans un premier temps, te rencontrer, puis, au fur et à mesure de ces moments d'introspection, tu deviendras de plus en plus intime avec toi-même. Chaque jour, le voile qui occulte les secrets et trésors de ton âme se fera un peu plus mince, laissant apparaître ta splendeur.

Tu y croiseras peut-être ton ombre. Elle fait partie de toi, ne la rejette pas, bien au contraire, elle a besoin que tu l'accueilles et la transmutes dans la lumière de ton cœur.

Ce ne sera pas un voyage aisé que de partir à la recherche de tout ce qui vibre en toi, mais tu es capable de mener cette quête. La récompense se révélera encore plus fabuleuse que tout ce que tu as pu imaginer...

Mon corps

Je dois prendre conscience que j'existe aussi par le corps. Je dois en prendre soin, entretenir ma charpente osseuse. Si je ne m'occupe que du cérébral et ne tonifie pas mes muscles alors je me néglige. Cette attitude risque de m'amener à oublier mon corps, à tel point que ce dernier peut me sembler encombrant, gênant, lent en totale opposition à mon intellect vif et performant. Ce manque d'intérêt pourrait même accélérer les différents troubles liés au vieillissement tels que les désagréments de la ménopause, l'arthrose, les problèmes de vue et de mémoire.

À force de rester assise à ne rien faire de mon enveloppe corporelle, celle-ci se refroidit et ce froid se propage dans tout mon Être et surtout dans mes articulations pouvant créer de l'arthrose, arthrite, syndrome de Reynaud...

Au niveau énergétique, le manque d'exercice bloque également la circulation du qi* entre le haut et le bas du corps, entre l'intellect et les émotions. Quand l'énergie stagne, je peux ressentir un mal-être et les douleurs ou autres maux s'amplifient. Je dois absolument me bouger, à mon rythme bien sûr ! Je dois m'activer afin de faire circuler l'énergie dans mon corps qui semble avoir cent ans !

Mes émotions

Mon quotidien est sacré. Tout est prétexte à louer la vie, ses beautés et ses merveilles. Le rôle de mère donne un vrai sens à mon existence et passer du temps avec mes enfants est source d'épanouissement. En cas de déséquilibre, je risque de manquer d'intérêt pour ma vie et faire peu de cas de celle des autres. Je peux parfois me montrer très froide, glaciale même.

Je dois absolument éviter de me murer dans un lourd silence, de tout garder pour moi, de ruminer, ressasser et de me renfermer jusqu'à être complètement verrouillée. Pour cela, j'ai tout intérêt à appréhender les relations entre femmes d'une manière sereine en faisant fi des éventuels tensions et conflits. Pour y arriver, je dois considérer toute personne comme une alliée et non comme une ennemie, ce qui est source de paix et empêche le chaos intérieur. Je dois aussi m'appliquer cette règle et faire un duo et non un duel avec moi-même, réconciliant mon mental et mes émotions. Je choisis d'être ma meilleure amie.

Acquérir une certaine maturité me permet de sortir de cette dualité et de comprendre combien l'isolement et l'enfermement dans mon monde peuvent générer une tristesse profonde et m'amener à la folie. L'expérience me permet également de rester humble devant la vie et de réaliser que je ne suis pas seule à souffrir, que partager mes ressentis allège mon cœur et aide à avancer.

Je peux très facilement me murer dans un savoir livresque qui m'éloigne de la vie et me rend aigrie. Au contraire, en m'ouvrant aux autres et au monde, je permets à tous ceux qui le veulent de bénéficier de mes conseils avisés et sages. Tout le savoir que j'ai acquis dans les livres n'a d'utilité que s'il sert à enrichir la connaissance de soi.

Quand le moment sera venu, je pourrai faire part de toute ma sagesse en écrivant un ouvrage. Ce sera alors un réel plaisir de transmettre, à ma façon, toute la richesse que je porte en moi.

En attendant ce moment, coucher sur papier tous mes ressentis, mes pensées, mes peines et mes joies est un merveilleux exutoire.

Ma vie spirituelle

Je suis l'archétype même du principe féminin.

Je vous invite à prendre conscience des grands principes de la vie.

Le principe féminin est l'art de l'intériorité afin de ressentir son appartenance à la Terre et au Ciel. Le principe masculin*, lui, est l'art de l'action après réflexion basée sur la connaissance et la sagesse qu'amènent l'intériorité, le calme et la méditation.

Initiatrice, j'ouvre les portes de la connaissance et de la sagesse qui vit en chacun de nous.

Il est important que vous définissiez vos propres lois au nom de la bienveillance.

Méditer est source d'énergie et permet de passer d'un état de conscience à un autre. Il suffit de faire le silence, d'aller écouter cette petite voix qui murmure tout au fond de vous, vous guide et vous enseigne les lois universelles. Une fois le calme obtenu, vous vous apercevrez que ce silence loin d'être angoissant est riche d'une initiation profonde et précieuse qui vous ouvre la porte des secrets et des mystères de la vie.

L'Impératrice

Je conçois un projet et je crée

Les mots-clefs

*Créativité, intelligence, communication aisée, goût de l'esthétique, capacité de concentration, de gestion et d'organisation, canal, matérialise l'esprit (concrétise les idées).

*Attitude hautaine et impérieuse, nature dispersée, communication bloquée ou bavardage superficiel, manque de clarté et de concentration, projets non aboutis.

« Mon esprit n'est pas en reste : un mot, un cri et j'accouche d'un monde... L'abondance de pensée est permise. Laissez-les briller comme des étoiles éphémères au firmament de votre esprit. »

Alexandro Jodorowsky

Moi l'Impératrice je suis comme une antenne relai qui jamais ne s'arrête.

Je capte en permanence les informations et ressentis* venant d'ici, de notre planète et d'ailleurs aussi.

Oh ! Combien cela a pu me perturber de ne pas comprendre ce qui m'arrivait. Cela ne semblait jamais vouloir s'arrêter. Sans cesse cela coulait en moi à travers mon chakra coronal.

Un flux incessant de pensées, de ressentis et d'intuition venait m'envahir. Tel un ballon que l'on remplit d'eau jusqu'à n'en plus pouvoir, je débordais moi aussi.

C'est alors que j'ai compris que je devais pour me libérer, choisir ce qui faisait sens à mon cœur pour enfin le matérialiser par la parole d'abord, puis par l'action.

Je devais créer pour être.

Sans cela tout se bloque en moi et je me retrouve enceinte d'un enfant ou d'un projet qui ne verra jamais le jour. Comme je ne fais rien de tout ce qui est venu me féconder, tout reste en suspens.

Mon corps

Moi L'Impératrice je dois prendre soin de ma gorge qui est la partie la plus fragile de mon anatomie. Je peux souffrir de maux de gorge, de problèmes à la thyroïde et avoir des extinctions de voix. Cet organe peut se bloquer ainsi que le chakra* qui y est associé. Quand c'est le cas, l'énergie ne circule plus dans le haut de mon corps, la gorge, la nuque et les vertèbres cervicales deviennent douloureuses. L'énergie peut également rester bloquée au niveau de ma tête ce qui crée de très grosses migraines.

Quand les articulations de mes bras souffrent, c'est parce que je ne fais rien de ce que j'ai en tête. Le haut de mon corps qui reçoit et qui pense doit absolument être en lien avec la gorge qui verbalise et les bras qui agissent, sinon tout se coince et mon corps devint douloureux.

Je respecte mon corps de femme (si je suis une femme) avec tout ce que cela implique. J'accepte le beau et le doux, comme j'accepte les désagréments. Lors d'une grossesse par exemple, la magie de la maternité ne va pas sans la prise de poids, la fatigue et les douleurs de l'accouchement. Envisager les choses sous cet angle permet de ne pas bloquer cette merveilleuse fonction de procréation et risquer des maux psychologiques.

Si je suis un homme, j'accepte et respecte le corps des femmes et sa capacité à procréer. Dans le cas contraire, ma santé psychologique risque d'en être perturbée et je risque de déclencher des troubles du comportement avec les femmes.

Si je ne matérialise pas, ne crée rien et ne donne pas vie à mes idées (futur bébé, création d'entreprise, ou tout autre projet), alors mon corps souffre. Je reste encombrée que je sois homme ou femme, de tout ce qui ne naît pas. Cette situation risque d'engendrer des ballonnements, des gaz, ainsi que des maux de gorge.

Je ne dois pas non plus rester enceinte de l'inutile. Je dois laisser la place à de nouveaux projets et prendre soin de mes intestins, de mon ventre, lieu de la gestation, afin de ne pas garder ce qui est erroné ou toxique.

Mes émotions

Telle une parabole, je capte toutes les informations de la vie : la température ambiante, les évènements qui se passent à l'autre bout du monde, donc dans ma tête ça bouillonne et le mental mouline sans arrêt.

Je dois prendre conscience que je fonctionne comme une antenne permanente qui capte toutes les informations et reçoit toutes les émotions du monde. Il est impératif que je sois à l'écoute de mes ressentis et de mes désirs.

M'intéresser à la philosophie ou aux différents courants spirituels* peut m'apporter un éclairage apaisant.

Il est impératif également que je clarifie toutes ces informations, que je décide lesquelles je désire utiliser. Ensuite, je dois élaborer un projet précis en définissant mes priorités. Il est indispensable que je m'efforce de clarifier, d'organiser, de gérer et de planifier. Pour cela, je dois apprendre à me considérer comme suffisamment intelligente et me sentir apte à assumer avec assurance ma vie. Je suis tout à fait capable d'élaborer un projet mentalement de A à Z puis le concrétiser jusqu'au bout, contre vents et marées. À partir du moment où j'ai étudié les tenants et les aboutissants, je sais planifier, organiser et gérer, tout cela est un jeu d'enfant pour moi. Autrement, je risque de tomber dans un chaos émotionnel qui peut m'entraîner vers des troubles de l'humeur plus ou moins graves.

Quand je ne suis pas dans l'équilibre, je peux soit :

Avoir l'impression de ne plus exister, d'être complètement insignifiante, de ne plus rien gérer. Je m'éparpille tellement que mes pensées deviennent confuses. Je pars dans tous les sens et perds une grande partie de mon énergie. Je peux alors glisser vers une incohérence mentale.

Être dans une recherche de pouvoir et de domination qui ne laisse aucune place à l'avis des autres. Je désire tout régenter, ce qui crée un déséquilibre et de fortes tensions.

Ma vie spirituelle

Élever ma vision du monde et accepter la réalité de plusieurs plans de conscience* m'amènent à cette évidence que nous sommes reliés au Tout et que nous sommes des Êtres de communication. Se rendre compte de cela favorise la créativité et équilibre les différents centres énergétiques*.

Quand l'énergie circule librement en moi, alors tout est possible. Mon énergie devient féconde, j'ai la possibilité de matérialiser tout projet (grossesse ou autre). Je ne dois pas douter de ma capacité à embellir ma vie et les choses existantes. Rejeter ce fait bloquerait cette énergie et tout le processus de création !

Je réalise que chacun porte en lui une réelle capacité à créer tout ce qu'il souhaite, tout ce qui lui est soufflé par l'Énergie céleste.

Plus je serai dans une vibration d'Amour, de compassion et de partage, plus je serai inspirée et accompagnée par des Êtres lumineux.

La conscience d'une réalité universelle* amène sérénité paix et sagesse.

L'Empereur
Je matérialise et embellis

Les mots-clefs

*Père, homme de pouvoir, humaniste, autorité constructive, ancrage solide, cœur à l'ouvrage, amour de la matière et de la terre, joie de vivre, spiritualise la matière (embellit toute chose), générosité.

*Autoritarisme, brutalité, ne s'aime pas et n'aime pas les autres, manque d'ancrage, ne gère pas son corps, avarice, homme de peu de foi.

> *« Le troisième empereur de la vingt et unième dynastie, à qui on apporta des pierres précieuses trouvées dans une mine, la fit fermer, ne voulant pas fatiguer son peuple à travailler pour une chose qui ne pouvait ni le nourrir ni le vêtir. »*
>
> *De l'esprit des lois,* Montesquieu.

Moi l'Empereur, je viens vous bousculer au plus profond de votre Être.

Je réveille en vous cette quête de sens qui aujourd'hui renaît en beaucoup.

Je vous pousse à vous interroger.

Quelles sont vos valeurs profondes ?
Comment agissez-vous ?
En tenez-vous compte ?

Je vous invite à passer tout acte par votre cœur afin de vous assurer que votre choix soit bienveillant.

Aujourd'hui plus d'hésitation.

Votre cœur est l'empereur, c'est à lui que revient le devoir de gouverner et de bâtir votre vie. Le mental doit reprendre sa juste place. Il n'est qu'un outil, un bon soldat et doit être au service du cœur et non l'inverse.

Reprenez enfin votre pouvoir, le pouvoir de votre cœur.

Mon corps

Je dois prendre soin de mon corps et de ma santé. Je suis un bon vivant ! J'aime « faire bonne chère ». J'ai tendance à accumuler et à stocker. Je dois trouver le juste milieu pour ne pas tomber dans le « trop ». Mon appétit peut être parfois « gargantuesque » ; les kilos risquent de s'installer petit à petit et les troubles du métabolisme peuvent venir perturber ma santé. Je dois apprendre à manger moins et à m'activer pour ne pas m'empâter !

Pour asseoir ma stabilité physique, mon ancrage au sol à l'endroit où je vis, je choisis de prendre pleinement ma place dans la société au milieu des autres. Pour y arriver, j'accepte intégralement l'époque dans laquelle je me suis incarné, le pays, et les parents que j'ai choisis.

Il est important que je prenne ma vie en charge et que je crée mon propre empire dans les domaines professionnel, personnel et financier, en veillant à ne surtout pas m'identifier à mes richesses. Cela me permet de jouir d'une santé de fer, d'être un roc, une vraie force.

Quand j'agis de manière bienveillante, je facilite ma mobilité physique et maintiens tout le bas de mon corps, jambes, genoux et pieds, souples et robustes. Pour cela, je choisis de mettre du « cœur à l'ouvrage ».

À l'inverse, quand je suis égoïste, cupide et vénal, je risque de provoquer des cristallisations telles que calculs rénaux et biliaires.

Mes émotions

Je choisis d'être acteur de ma vie, de prendre pleinement ma place et d'asseoir ma légitimité. Pour cela il est indispensable que je définisse les valeurs qui me tiennent à cœur, m'animent. Je dois également reconnaître la mienne, en acceptant mon incarnation et ce que je suis dans mes défauts et mes qualités. Me dévaloriser ou m'enorgueillir m'est préjudiciable.

Plus j'accumule des biens matériels de toute sorte plus un vide abyssal* se creuse à l'intérieur de moi et de mon cœur. Je dois apprendre à savourer et apprécier les richesses, mais ne m'en sers pas pour prendre le pouvoir sur les autres.

Je dois absolument mettre du sens dans tout ce que je fais. Cela me permet de savoir pourquoi j'avance dans la vie et m'évite de tomber dans la démesure. Organiser, guider des équipes, des employés ou la famille est une de mes qualités. Je choisis de l'utiliser avec bienveillance, sans écraser quiconque, ni abuser de ma position de leader, ce qui rend alors mon autorité constructive.

Quand je suis dans l'équilibre intérieur, en pleine possession de mes qualités, je sais reconnaître le sacré en moi, voir le beau et le meilleur afin d'améliorer le faible. Je m'attache alors à élever et embellir ma vision de la vie, des Êtres et des choses. Je suis capable de mettre de la joie dans mon existence et du cœur à l'ouvrage, en développant le sens de l'esthétique, l'intérêt pour la poésie et la beauté des mots ou du geste.

En m'appuyant sur des valeurs familiales, d'honnêteté et de courage alors l'édifice de ma vie est solide et je suis un pilier de confiance.

Ma vie spirituelle

J'ai pour mission de redonner un sens noble, dimensionnel* à toutes choses.

Je dois spiritualiser la matière*, c'est-à-dire retrouver la beauté originelle, divine de tout ce qui est et avoir une attitude respectueuse et reconnaissante envers la vie et les autres.

Maîtriser la matière*, mais ne pas abuser de mon statut de maître en restant humble me permet d'avoir cette conscience que rien ne m'appartient, mais que tout est mis à ma disposition.

Inclure et intégrer cela au quotidien, dans tout ce que je réalise permet d'équilibrer le haut et le bas, le spirituel et le matériel. Cela fait partie de l'éveil*, d'une évolution et d'un changement de plan de conscience qui élèvent l'Humain au-dessus du plan densifié et font descendre l'Amour dans la matière.

J'ai le don de vivre l'élégance de l'âme, c'est-à-dire, que je me place au plus haut sommet de moi-même dans une sphère spirituelle. Je laisse l'énergie de cet espace-là nourrir ce que je ressens, pense et fais.

Je me laisse guider par l'Énergie Divine qui me dote d'un esprit de sérénité, de confiance, de puissance bienveillante.

Le Pape
Je réunis et pacifie

Les mots-clefs

*Père, énergie de guérison, sagesse, bienveillance, empathie, parole juste, tolérance, homme de silence et de pardon, cultivé, sens du sacré, spécialiste, sexualité bien vécue.

*Culpabilité, dogmatique, pontifiant, pédant, bavard, intolérant, déséquilibre énergétique, prude et puritain, rancunier, pas de pardon.

« Satan a séduit le pape en lui offrant le pouvoir. »

Esseulement, Vassili Vassilievitch Rosanov (1856-1919)

Je suis le Pape.

Entre la Terre et le Ciel se trouve ma place.

Dans cette nouvelle ère qui se profile, je fais le lien entre la vie humaine et le divin, le subtil.

Si vous le désirez, vous pouvez vous laisser bercer par mes paroles dont l'énergie bienveillante est telle un merveilleux onguent capable de soigner avec Amour toutes les blessures de votre âme.

Mes conseils avisés de vieux sage peuvent vous guider avec bienveillance sur le chemin qui est le vôtre, vous aider à pacifier votre Être.

Loin de moi le besoin de vous imposer quoi que ce soit, le pouvoir ne m'intéresse point. Seuls, votre sérénité et votre éveil m'importent.

Vous seul avez le choix d'ouvrir les yeux, de prendre vos responsabilités et de faire un pas vers votre bonheur. Je serai à vos côtés si, et seulement si, vous le souhaitez.

Soyez bénis*.

Mon corps

Je ne dois pas oublier que mon corps me permet d'assumer mon statut d'humain et que sur cette terre je suis d'abord matière à travers laquelle l'Esprit vit.

Pour cela je dois accepter de bien vivre ma sexualité, bien m'occuper de mon corps et de tout ce qui est existentiel. Ainsi les énergies célestes et terrestres se rejoignent au niveau du centre énergétique du cœur. Cette rencontre apporte la réconciliation du corps et de l'esprit ainsi que l'harmonie. Je suis alors en paix.

Je suis conscient que mon corps est composé de méridiens* dans lesquels l'énergie passe, amène tout ce qu'il faut à mes organes et protège ma santé. Aussi je prends soin de mon corps physique, énergétique et je développe un esprit d'autoguérison indispensable à mon équilibre.

Je dois verbaliser, faire de la parole mon principal outil pour exprimer ce que je ressens et pense. Quand je ne dis rien, je bloque l'énergie et risque de provoquer des rots, hoquets, troubles gastriques, remontées acides, angines, bronchites…

Mes émotions

Je prends conscience que chacun est responsable de son bonheur et de son malheur. En dépassant mes blessures et en faisant le deuil des choses erronées, je ne souffre plus. Conscient de l'imperfection et de la capacité à s'améliorer, je pardonne à tous ceux qui m'ont fait du mal et je demande pardon à ceux que j'ai blessés. Je me pardonne également et avance ainsi vers la réconciliation et la pacification de mon Être.

La foi en ma propre puissance me permet de garder espoir, car je sais que je peux changer les choses qui ne me conviennent pas.

Je tends à être une personne de confiance à l'écoute bienveillante et à la parole empreinte d'Amour. Le thérapeute que je suis tient compte du code de communication de chacun et échange de manière authentique et claire.

En ouvrant mon cœur aux autres et en nourrissant l'humilité, je ne sombre jamais dans l'orgueil. Travailler le Pardon* et réveiller l'Amour en soi, amènent beaucoup de patience, de bienveillance, d'Amour Inconditionnel* et cela permet d'apporter aide, écoute, conseils et compassion à tous ceux qui le demandent.

Je suis extrêmement sensible à l'injustice et à l'intolérance. Retrouver l'unité* en moi grâce à la méditation, la sophrologie, un enseignement philosophique ou spirituel me permet de ne pas être blessé par tout ce qui désunit les Hommes. Je peux ainsi prôner « l'Union » qui rassemble les différents peuples, cultures et religions.

Je sais que toute situation que je vis et que toute personne que je rencontre m'aident à prendre conscience de ce que je dois équilibrer en moi par le Pardon et l'Amour.

En choisissant d'élever mon regard pour prendre du recul, je ne me sens plus directement la cible des autres. Cela évite la culpabilité et surtout amène indulgence et pardon.

Ma vie spirituelle

En regardant du plus haut sommet de moi-même, je ne prends rien comme un coup d'épée, car je mets de la distance avec les émotions et garde ainsi l'esprit clair, la parole juste et le cœur aimant. Mon âme se libère de ses souffrances.

Mon intelligence guidée par l'amour, la spiritualité et les Lois universelles me permettent de me pacifier, de transmettre les grandes lois de sagesse et d'accompagner chacun sur le chemin de l'éveil.

J'ai conscience que la spiritualité ne doit pas servir à s'enfermer ou enfermer les autres dans des croyances, des dogmes et des peurs, mais doit permettre d'ouvrir son esprit, de s'enrichir de la différence, de prôner la paix, la tolérance et l'Amour. Dans le cas contraire : point de spiritualité, mais un besoin de pouvoir.

Je choisis d'unir dans l'amour tout ce qui est désuni en moi et de m'unir aux autres, car seule une réelle union des âmes est garante de paix et amène la sérénité.

L'Amoureux
Respect de soi, respect de choix

Les mots-clefs

*Bonne estime de soi, respect, amour des autres, digne d'être aimé, ouverture au monde et à l'altruisme, dévouement, tactile, capable de choisir et de décider, importance du foyer et fidélité, respect des enfants, joyeux, léger.

*Peur de ne pas être aimé et non amour de soi, jalousie, infidélité, syndrome du sauveur, inconsistant, girouette, indécis, incapacité à renoncer, sexualité non accomplie ou débridée, lourd et boudeur.

> « C'est l'Amour qui nous éveille à la réalité de nous-mêmes, à la réalité d'autrui, à la réalité du monde. »

Méditations sur les 22 arcanes majeurs du Tarot, auteur anonyme.

Moi l'Amoureux aujourd'hui je me retrouve dans une impasse.

Quand je me retourne sur mon passé et regarde ma vie d'aujourd'hui, je n'y comprends plus rien ! Comment en suis-je arrivé là ?

J'ai, de plus en plus souvent, cette désagréable sensation de vivre la vie de quelqu'un d'autre. Comment faire pour y remédier ?

Me considérant comme incapable de choisir, j'ai donné, depuis toujours, le pouvoir aux autres, de décider à ma place ce qui me correspondait le mieux ou du moins de grandement m'influencer ! J'ai tellement peur de leur déplaire, d'être mis à part, que je me plie à leur bon vouloir pour m'assurer de leur amour. J'endosse, alors, le rôle qui leur paraît le mieux me convenir.

Petit à petit, je m'y suis perdu et ma vie ne ressemble plus qu'au triste reflet des rêves d'autrui.

Depuis quelque temps, mon âme se fait entendre. Un appel vital retentit au fond de moi. Mon Être n'en peut plus de toute cette mascarade.

Sa demande est simple, mais ferme. Il désire qu'enfin je plonge en moi pour rencontrer ce qui y vibre. Je dois me regarder avec amour et retrouver ce à quoi mon Être aspire réellement. Découvrir et accueillir l'Être formidable que je suis, digne d'amour et de respect. Apprendre à me considérer comme la personne la plus importante à mes yeux et honorer mes désirs.

C'est alors qu'en conscience, guidé par mon Maître intérieur, je pourrai choisir ma vie et m'engager pour moi, n'en déplaise à mes semblables.

Avec le temps, j'aurai la capacité de revenir sur ce qu'il se passe aujourd'hui, sur ce mal-être et ce vide abyssal qui semble vouloir m'engloutir. Je pourrai bénir et remercier cet instant où je me suis senti perdu.

Avec le recul, je saurai que c'est à ce moment-là, précisément, grâce à cet inconfort, cette détresse même, que j'ai retrouvé le courage de choisir et de reprendre peu à peu le chemin de ma vie.

Remercier et faire confiance à cette partie de mon Être qui est toujours présente pour moi, qui me guide toujours avec amour et respect sera alors une évidence.

Merci

Mon corps

Quand je me sens perdu face à une décision, que je ne sais pas quoi faire des différents avis des uns et des autres et que j'ai du mal à choisir, mon Être souffre. Je ne sais plus où se trouve ma place. Je me sens mal aimé et mon corps se manifeste par des maux qui expriment le côté insupportable de la vie. Je suis en proie à de la nervosité, de l'hyperactivité, des difficultés à trouver le sommeil et mon estomac peut se nouer.

Je ne m'aime tellement pas, que je peux être sujet à des crises d'acné, symbolisant le « dégoût » que je ressens pour moi – même (moi-m'aime).

Trop de doutes et d'hésitations peuvent me donner des torticolis et des problèmes aux cervicales. Mes genoux eux aussi souffrent à force de ne pas savoir quelle direction prendre ! Où se situe ma place entre le « je » et le « nous » ?

Je dois absolument choisir de me considérer comme étant physiquement et mentalement bien et accepter de me montrer tel que je suis. Pour cela, je choisis de valoriser mes dons afin d'avancer en restant moi-même au lieu de ne voir que mes faiblesses et de me dévaloriser. J'ose m'affirmer sans craindre de dire non et je choisis de prendre ma place physiquement et socialement en écoutant les différents avis, en m'informant, mais en gardant un esprit critique et décisionnaire sur ma vie.

Pour aller mieux et dépasser cet état, je décide de mettre en place des techniques visant à reconstruire mon estime. Ce travail m'aidera à me considérer différemment et à soigner les blessures « d'amour » qui continuent après tant d'années à m'empoisonner et à influencer mes choix. Peu à peu, grâce à cette prise en charge, je serai capable de retrouver le respect auquel j'aspire et dont je suis digne.

Il existe un grand nombre de possibilités pouvant aider à se reconstruire. (Qi gong, EFT, Hypnose...) Je vous invite à en essayer certaines et à choisir celle qui vous semble vous correspondre le mieux.

Mes émotions

Je dois faire des choix inspirés pleinement par les désirs de mon cœur. Je dois veiller à ne pas me laisser influencer pour plaire aux autres, au risque de ne plus savoir qui je suis.

Pour pouvoir être responsable, créateur de mon devenir et capable de choisir, je dois avant tout apprendre à me considérer comme un Être digne d'amour et de respect.

Si j'ai conscience que m'adapter à toute chose ne m'oblige ni à me renier ni à douter du meilleur de moi-même, alors je garde le cap.

Pouvoir choisir, avoir confiance en la vie et ne pas douter de pouvoir compter sur moi, m'ouvre la voie de la guérison, de l'autonomie. Je me reconnais enfin comme seul maître de moi et de mon destin.

En choisissant aujourd'hui de m'engager, je règle l'angoisse du choix.

Ma vie spirituelle

L'amour ? Qu'est-ce que l'amour ? Il est incontournable que chacun se pose à un moment donné de sa vie cette question fondamentale ; de la réponse donnée dépendra son devenir.

Sur un plan spirituel si j'accepte le fait que nous sommes déjà parfaits, complets, je ne recherche plus en l'autre un moyen de combler mes manques imaginaires. Je suis alors capable de concevoir la relation à l'autre comme un enrichissement mutuel.

Quand je me ressource en pleine nature devant un océan, au sommet d'une montagne, que je laisse mon âme vibrer au diapason des énergies célestes* et telluriques,* cela me permet de dépasser l'ego et d'être transcendé* par la plus haute dimension de l'amour. Je peux ainsi vivre l'Amour Inconditionnel. Je réalise alors que personne n'est seul et démuni face à son destin : ces énergies célestes et ces énergies telluriques nourrissent chacun de nous. Elles nous donnent force et assurance renforçant le sentiment d'être accompagné pour affronter la vie et les autres.

Je prends conscience qu'en parallèle du monde humain et de ses déviances, existe le monde céleste et que sa Source Divine* pleine d'amour et de paix est à ma disposition.

Cette conscience-là me fait comprendre que je suis porteur du divin et de ses pouvoirs bienveillants pour moi comme pour les autres.

Reconnaître l'existence de l'âme implique de trouver son maître intérieur et d'y rester fidèle.

Le Chariot

Je gère et j'avance

Les mots-clefs

*Connaissance de soi, goût de l'esthétique, gestion de son mental et de ses émotions, entretien de son physique, intelligence, curiosité, infatigable, victoire sur les épreuves, ambitieux, clairvoyance puissante, maîtrise, sensibilité aiguisée, éveillé, initiateur.

*Suffisance, orgueil, colère, vanité, timidité maladive, méfiance, problème de communication, susceptibilité, amertume, aigreur, jalousie, despotisme, matérialité excessive.

> *« Le chariot de la vie entraîne dans son sillage la pudeur et la vanité, nul ne perçoit le cliquetis inexorable de ses roues. On n'entend jamais que ce qu'on veut entendre. Le puissant croit avoir passé avec le monde un contrat d'éternité. Mais le chariot ne s'arrête jamais et la terre est une infidèle épouse. »*
>
> *La chanson des gueux*, Naguib Mahfouz (1911-2006)

J'allais démarrer mon chariot quand soudain j'entends :

« Donc on va à droite ! » s'exclame le Cheval du mental.

La phrase n'était pas dite que le second Cheval, de l'émotionnel celui-là, s'enhardit :

« Pas du tout, on part à gauche, pas vrai ? »

Et là, je réalise que je n'ai rien défini de clair et en conscience, laissant la décision de la route à prendre, à mon mental ou à mon émotionnel.

« Alors c'est moi qui dirige et décide de la voie » dirent ensemble les deux chevaux tirant chacun dans des directions opposées.

STOP, STOP lançais-je, si je vous laisse continuer mon chariot va se briser et donc mon Être se fracasser.

Je venais de comprendre, à cet instant, que je devais revoir mon fonctionnement avant de reprendre ma course et me poser ces questions : où vais-je aller ? Pourquoi ? Cela me rend-il heureux ? etc.

Je devais, en conscience, choisir pour moi.

Je décidais alors d'écouter d'abord mon ressenti, mes désirs, mes envies, mes projets ; puis, je donnais la parole à mon mental pour bénéficier de son discernement et enfin je vérifiais si la perspective de cette réalisation me rendait heureux.

En concertant mon émotionnel et mon mental, je me tenais en équilibre entre les deux, dirigeant seule la course, stabilisant ainsi mon chariot et mon Être.

Mes deux chevaux, en accord, venaient de diriger leurs jambes dans la même direction.

Il me restait alors à lâcher toute mon énergie pour que les chevaux démarrent, en harmonie, le voyage choisi.

Dorénavant, devant tout obstacle sur ma route, mes moteurs, en binômes, unifiant leurs forces, dépassent les épreuves et je sors victorieux de toute situation, aussi houleuse soit-elle.

Mon corps

Je suis infatigable. J'ai un insatiable besoin d'être dans l'action et de faire cent mille choses à la fois.

Je dois accepter de me reposer et de ménager ma monture, mon véhicule humain et mon corps.

Pour rester dans l'équilibre, je choisis tout d'abord de prendre ma place physiquement dans mon foyer, au sein de la société et j'adopte une attitude affirmée sans craindre de gêner.

La pratique d'exercices physiques qui facilitent le contact avec mon corps me permet d'être à son écoute, de le laisser vibrer, respirer. Pour ne pas renier mon corps et afin de gérer la douleur, j'accueille les sensations de mal-être ou de bien-être et je choisis d'en tenir compte.

Pour rester dans l'équilibre je veille également à ne pas trop me mettre en avant et écraser les autres. J'apprends à être dans la retenue, la discrétion, l'observation et l'écoute afin de laisser plus de place à mes semblables.

Des blocages et des douleurs au niveau de mes bras, de mes mains ou de mes épaules, m'indiquent que je ne prends pas les rênes de ma vie. Je lutte contre l'envie d'avancer et je me paralyse. Pour dépasser cette situation et aller vers une meilleure santé émotionnelle mentale et physique, je me nourris de tout ce que la vie m'offre. Je m'implique et m'engage pleinement, ce qui m'apporte maîtrise et confiance.

Mes émotions

Je dois absolument m'accorder du temps et de l'intérêt afin de mieux me connaître et me voir comme digne et méritant, un Être de lumière et d'amour.

Je dois apprendre à concilier mes antagonismes, c'est-à-dire mettre en accord les désirs de mon cœur et les injonctions de mon mental. Il s'agit aussi de régler ce conflit qui vibre en moi entre mon besoin irrépressible d'intériorisation, de solitude et mon envie d'extériorisation et de reconnaissance sociale.

En restant à mon écoute et en interrogeant mon cœur avant que mon mental n'impose sa vision des choses, je permets la gestion de mes émotions. Elles se diluent et s'évacuent. J'y vois plus clair, et j'ai une image plus valorisante de moi-même. Dans le cas contraire, je risque d'adopter une attitude de suffisance. Je suis bloqué dans mon ego, dans l'orgueil voire dans la colère, car trop de retenue nourrit le volcan, trop de frustrations déclenchent le feu.

Je dois vérifier que mes actes ne sont pas guidés uniquement par des schémas familiaux, éducatifs ou religieux, mais répondent à mes aspirations profondes. Je laisse alors s'exprimer des intentions pures et nobles empreintes d'amour.

Pour être en paix, je choisis d'accepter que la seule reconnaissance viable et pérenne est celle que je m'accorde à moi-même.

Une fois ce travail émotionnel accompli, quand l'honnêteté, l'humilité, la bienveillance et l'amour vibrent pleinement en moi, je réveille ma capacité à accompagner et mener les autres, les groupes grâce à mes qualités de guide, d'éclaireur, de conseiller et de pédagogue.

Mon goût inné du beau, de l'esthétique m'aide à embellir ma vie et à la nourrir de belles émotions.

Ma vie spirituelle

Sur le chemin de l'évolution, je suis obligé de passer d'une reconnaissance sociale à une voie beaucoup plus spirituelle où je me fais le messager de la parole divine.

L'Énergie du chariot, puissamment divine, fait de l'Être un messager de la connaissance profonde, celle enfouie dans le sacré des âmes. Pour cela mon Être est tenu de se libérer de ses petites ambitions de l'ego et doit laisser vibrer sa corde spirituelle afin que seul l'Esprit nourrisse mes ressentis, éclaire mon mental et guide mes actes. Moi, le chariot j'avance, alors, avec assurance, ouvre la voie, une voie de guidance, dans la maîtrise et la joie.

Ne pas prendre les rênes de ma vie, revient à ne pas me servir de mon libre arbitre et de mes responsabilités en tant que messager divin. Du coup, je risque de devenir despote, écrasant et caustique.

Je serai victorieux en acceptant d'incarner dans la joie, l'Être de lumière que je suis. Pour ce faire, je choisis d'assumer ma mission de messager spirituel, de guide en m'investissant dans la construction d'une vie toujours meilleure et responsable. Je deviens alors maître de moi-même.

La Justice

Je suis bonne, juste et équilibrée

Les mots-clefs

*Équilibre, équité, reconnaissance de l'amour universel en soi, écoute de ses lois intérieures, honnêteté, droiture, rigueur, tout passe par le cœur, vitalité.

*Rigidité, intransigeance, intolérance, anarchie, rébellion, colère, conflit, jugement de soi et des autres, culpabilité, froideur, rien ne passe par le cœur, peur de la punition.

« La justice est l'amour guidé par la lumière. »

Sully Prudhomme

Hommes d'aujourd'hui, prenez le temps de vous questionner sur la vraie nature de l'Amour. Comment vous aimez-vous et comment aimez-vous vos semblables ?

Moi la Justice je vous montre le chemin en vibrant d'un Amour Inconditionnel qui pousse l'Être à grandir.

Certains me reprochent d'être dure, car mon positionnement et mes décisions les dérangent et les bousculent. Elles ne vont pas forcément dans leur sens et les forcent à se questionner et à évoluer.

Qu'est-ce que l'Amour ? Qu'est-ce qui est juste et bon ?

Est-ce un bonbon rose et mou qui dit oui à tout pour ne surtout pas contrarier quiconque, permettant à l'Être de se complaire là où il est, de s'y reposer, de ne pas changer ou une main ferme, mais aimante qui vous bouscule, vous met face à votre façon de vous comporter et vous pousse à vous remettre en question, à vous éveiller et à modifier vos fonctionnements.

Aujourd'hui cet Amour-là heurte, car l'amour juste n'est pas le plus facile à incarner. On a un peu oublié sa vraie vibration, alors qu'il est juste et bon pour moi comme pour vous de ne pas vous endormir, vous ramollir, mais de continuer à vous transformer et à grandir.

Je vous aime et c'est pour cela que vous pouvez compter sur moi pour vous aider à avancer dans le juste.

Mon corps

Je suis sans cesse à la recherche de l'équilibre, de la justice, de la justesse, devrais-je dire.

Si cette justesse vibre dans ma vie, alors j'avance jour après jour en étant bien campée sur mon assise terrestre et je me sens équilibrée.

Par contre, si je ne ressens pas mon existence comme étant juste et bonne, alors mon angoisse grandit. Je suis perturbée physiquement, dans la peur qu'on me fasse mal, l'iniquité me guette partout. Dans le cas où je me considère agressée, je suis sur la défensive, je cherche à lutter contre les autres, contre la vie, et je me crispe.

Quand je reste campée sur mes positions, je deviens rigide et cela risque d'engendrer des conséquences sur mon corps : je peux souffrir de contractions musculaires, mes jambes peuvent me sembler rouillées et avoir du mal à avancer.

Mon diaphragme et mon œsophage peuvent même avoir du mal à laisser passer les aliments, tout se coince. (Syndrome du noyau de prune)

À rester trop figée dans mon fonctionnement, je peux aussi déclencher des problèmes de hanche et de bassin. Je dois absolument apprendre à me détendre grâce à des exercices de sophrologie, des massages aux huiles essentielles relaxantes, de l'acupuncture ou de la PBA (Psycho-bio-acupressure)

Quand je ne suis pas dans l'équilibre, j'ai tendance à ne pas respecter les besoins ou les limites de mon corps. (Boulimie, travail à outrance, manque de sommeil...)

Mes émotions

Je choisis d'être bonne et juste avec moi-même comme avec les autres. En faisant cela, j'écoute mes lois intérieures. M'octroyer une valeur me permet de m'équilibrer et de ne plus me sentir coupable de tout. C'est en prenant contact avec la force d'amour en moi et avec son grand pouvoir de guérison que je trouve la paix.

Je choisis de passer toutes mes pensées par mon cœur avant de décider quoi que ce soit ou avant d'agir. C'est un excellent garde-fou. Cela me permet de demeurer dans le juste, l'équité*, la sérénité et de comprendre que la communication n'a pas besoin d'être violente pour exister, pour aller vers un véritable partage, être entendu. Grâce à cette façon de faire, je ne me sens plus coupable de tout, trahie et rejetée. Je ne me considère plus comme victime d'injustice et ne cherche plus réparation. Je n'accuse plus les autres de tous les maux que je vis.

Entamer une thérapie peut m'aider à lâcher les armes, à comprendre les causes profondes de mes émotions et à cicatriser mes blessures. Ne plus croire que tout le monde est contre moi, réaliser que je ne suis pas attaquée fait retomber la tension, l'éventuel besoin de vengeance, la jalousie. Mon énergie change de couleur en se détachant de la colère. Je suis alors à nouveau capable d'aimer et je me libère de ma tristesse et distribue Amour et douceur.

Il est capital pour moi d'accepter pleinement ma place sur terre, de vivre mon incarnation avec joie et authenticité.

Pour mon bien-être je choisis d'avoir confiance en moi, de m'estimer juste et bonne pour moi-même et de croire que par rayonnement je reçois des autres, en retour, la même énergie. Cette vision de la vie me permet de lâcher les tensions et atténue les maux qui en découlent.

Partir à la recherche de soi-même, de ses propres lois, se guérir, se pardonner et pardonner aux autres, mais aussi aux évènements qui ont perturbé notre corps et notre âme, est le point de départ d'une nouvelle vie.

Ma vie spirituelle

La voie de la guérison est celle de l'Amour Inconditionnel. Je dois réaliser que seul l'amour permet une transformation profonde et un changement certain de mon état d'esprit. Me nourrir d'amour, le laisser devenir ma seule arme exige une rigueur importante, car c'est un amour sans fioriture* un amour qui aide, qui rend justice, qui guérit et qui n'attend rien en retour, mais qui dérange et qui agace. Un amour constructeur qui ne cherche pas à plaire, mais à évoluer et à faire évoluer.

Cet Amour pousse l'Être à s'éveiller.

La notion de justesse est une des clefs de l'éveil, car elle est source permanente d'apprentissage et incite sans cesse à revoir nos fonctionnements. Pour cela, il est nécessaire de se « verticaliser* ». (En langage des oiseaux, le juste hisse)

Me centrer et passer tous mes actes par mon cœur, fait alors de moi un Être de confiance, au regard éclairé, bienveillant et à la parole juste pour moi comme pour les autres.

L'Hermite

Je chemine et expérimente

Les mots-clefs

*Sagesse tirée des expériences, guide, introspection enrichissante, solitude bien vécue, humilité. Va à l'essentiel et se satisfait de peu, charismatique, respectueux des hommes et de la nature, clairvoyance, magnétisme.

*Solitaire et exclu, ne fait rien de ses expériences, déconnecté de la réalité, inadapté à la société, refus de la matérialité, vieillesse mal vécue, aucune gestion de ses émotions.

« *La solitude est un enfer pour ceux qui tentent d'en sortir ; elle est aussi le bonheur pour les ermites qui se cachent.* »

La face d'un autre, Abe Kobo.

Conscient de tous les bagages karmiques et de toutes ses nombreuses incarnations, riches d'expériences négatives et positives par lesquelles chacun de nous passe, l'Hermite sait que le seul fait de pardonner aux autres et de se pardonner libère l'amour en soi, fait rayonner le soleil intérieur.

Cela fait de lui une vieille âme, un voyageur désintéressé, un messager de la vie qui nourrit la plénitude et la sérénité chez tous ceux qui l'écoutent. Il fait le témoignage des difficultés, des erreurs, des horreurs que nous générons. Il donne aussi les clefs du pardon et de la guérison : il dit « tu peux tout changer en toi, cherche au plus profond de toi ta vérité, tes lois, appuie-toi dessus et laisse-les te guider ; tu trouveras ainsi ton chemin de lumière par l'amour et la sagesse que cette introspection t'amènera. »

Mon corps

Suis-je un vieil homme ou un vieux sage ? L'un se fond dans l'autre laissant paraître à la fois mon physique vieillissant et la pureté de la lumière qui m'habite.

La vieillesse, preuve que le temps passe, ne devrait pas être envisagée seulement comme une période de « perte » (perte d'autonomie, perte de liberté, perte de la santé...), car même si les années marquent le corps, l'esprit lui s'enrichit chaque jour un peu plus d'un précieux enseignement et d'une grande sagesse. Sagesse des expériences vécues qui infusent et mûrissent en nous, nous permettant d'acquérir un enseignement. Nous sommes alors mieux armés pour faire les bons choix et prendre les bonnes décisions, car nous sommes riches de notre passé.

Parfois ma nuque, ma colonne vertébrale et mes talons sont douloureux. Cela est dû aux peurs de l'impact inconscient de mes expériences passées. Qu'il s'agisse du passé immédiat ou ancien, voire même karmique, c'est la même chose, cela ne change rien. La nuque est le tunnel des vies antérieures, mais parfois la mémoire de certains évènements encombre ce passage ce qui empêche l'énergie de circuler. Cette partie du corps se raidit et devient douloureuse. Tous les exercices et massages permettant de se détendre et de soulager mon cou, aideront à me libérer des bagages trop lourds des anciennes vies.

Afin que ces différents maux ne viennent pas entraver mon désir d'avancer, je dois pratiquer une activité régulière, adaptée à mon état de santé et à mon âge.

Quand je marche pieds nus dans la nature je recrée le contact avec la terre. M'y promener en pleine conscience* me permet de bien ressentir mon corps, de rester en contact avec la terre et de fortifier mon ancrage*.

Mes émotions

Je dois prendre conscience par un travail d'introspection de l'ampleur des émotions qui m'assaillent ! Les accueillir, puis les gérer, les comprendre, et les nettoyer. Grâce à cette purification, je me libère de tout l'émotionnel karmique qui stagne en moi.

Je suis une véritable éponge qui, lorsqu'elle est trop imbibée, ne peut plus rien recevoir et je dois l'essorer. Par une introspection profonde, je prends contact avec mes émotions et je les accueille.

Je lâche toutes celles qui sont négatives grâce à un travail de méditation et de lien à la nature. Cela m'aide à retrouver mes propres lois et mes propres repères et me permet de me positionner dans la société.

Le but de cette introspection* est de m'isoler pour me retrouver seul, en tête à tête avec mon âme, en lien avec mon ressenti. Cela est extrêmement bénéfique et me permet de faire le point, de méditer, de tirer les leçons de mon vécu. J'avance ainsi sur un chemin éclairé par les enseignements appris au fil de mes expériences. Prendre ce temps est très positif et prévient de bien des écueils.

M'enfermer dans une solitude permanente n'est pas souhaitable et me serait même préjudiciable. C'est pour cette raison qu'une fois ce moment de calme apprécié et mis à bon escient, je choisis en conscience de reprendre mes activités. Fortifié par cette retraite de solitude et de recherche intérieure, je reviens solidaire des autres, et prêt à vivre de nouvelles expériences.

Lorsque j'envisage la solitude comme un refuge, alors je ne la vis pas comme un abandon. Cette solitude me ressource, me régénère, guérit mes souffrances émotionnelles et me nourrit. En témoignant de mes nombreuses expériences de vie, j'éclaire mon propre chemin comme celui des autres.

Ma vie spirituelle

Dans le grand Tout, tout a un sens.

Tout évènement, tout vécu est là pour que nous expérimentions et transcendions nos fonctionnements, nos émotions.

Grâce à l'introspection, je comprends mes erreurs et j'en tire les leçons. Mon regard profond, doux, de velours, invite à la confidence et au partage. Mon attitude discrète, humble rassure, favorise la communication et la rencontre. Le vieux sage que je suis peut alors amener chacun à cette acceptation que ce qui se présente est toujours juste.

Par la méditation, le silence et mon lien à la nature, je découvre mon Être divin, ma lumière intérieure, qui éclaire et guide en permanence mon mental, tel un phare dans la nuit.

La Roue de Fortune

Je prends ma vie en main

Les mots-clefs

*Autonomie, lucidité sur son fonctionnement, joie de vivre, capacité à saisir sa chance, optimisme, clairvoyance, dynamisme, confiance, goût de l'aventure.

*Dépendance, peur de la vie, pessimisme, désorientation, fatalisme, désespoir, immobilisme, déni de son mécanisme de fonctionnement, routine sclérosante.

J'ai bien appris que tout ce qui commence finit, et que tout ce qui finit commence. J'ai bien appris que tout ce qui s'élève descend, et que tout ce qui descend s'élève. J'ai bien appris que tout ce qui circule en vient à stagner, et que tout ce qui stagne en vient à circuler... D'une mutation à l'autre, je vous invite à vous unir à la roue de la vie, acceptant les changements avec patience, docilité, humilité, jusqu'au moment où naît la Conscience.

La voie du tarot, Alexandro Jodorowsky, Marianne Costa.

En haut, en bas, à gauche, à droite puis à nouveau en haut, et en bas, cela ne semble jamais s'arrêter. J'ai l'impression que quelqu'un joue avec ma vie. Je ne suis qu'un pion qui subit le bon vouloir d'autrui.

Je ne contrôle rien ! Mon existence ne semble pas m'appartenir.

Ma réalité ressemble à un bateau fantôme qui tangue et se laisse guider par la houle, l'orage ou le beau temps. Point de capitaine à bord. Personne ne tient le gouvernail, il tourne et vire au gré du vent.

Et si au lieu de subir les éléments extérieurs, je me relevais et attrapais la barre pour enfin diriger, donner l'impulsion et aller où mon cœur m'appelle.

Stop, je choisis de prendre la manivelle de ma vie en main et je choisis de changer la donne !

Mon corps

Mon corps est ma roue, celle qui me permet d'avancer.

Deux possibilités s'offrent à moi :

* soit je prends la manivelle de ma vie et je dirige mon corps
* soit je laisse les autres, les évènements extérieurs, les années, guider mon existence et mon corps souffre.

Pour vibrer pleinement, je dois en conscience en être le maître afin de lui donner l'impulsion nécessaire à son équilibre.

Je dois réaliser que mon corps est le support de mes émotions, de mon esprit et de mon énergie. À ce titre je me dois de rester attentive à ses besoins fondamentaux. Pour y répondre, j'instaure les meilleures habitudes alimentaires, respectueuses et saines et je mets en place une activité physique adaptée.

Si je ne le fais pas, je crée de l'instabilité, un déséquilibre et c'est la porte ouverte aux maux et à la destruction cellulaire.

En prenant la manivelle de mon corps, les troubles existent certes, mais ne deviennent pas chroniques, ils ne s'installent pas et ne le détruisent pas.

Mes émotions

Qui suis-je ? Voilà la question que me pousse à me poser la Roue de Fortune.

Je dois absolument me mettre en quête de qui je suis. Pour cela, je commence par vérifier si je suis dans la « bonne conduite » c'est-à-dire, si je tiens bien la manivelle de ma vie. Ainsi je reste capitaine de mon bateau et ne me noie pas dans les souffrances de mes émotions, ce qui risquerait de bloquer ma capacité à agir.

En ne lâchant pas la manivelle, je reste seul acteur de mon existence et non pas le triste spectateur. Je fortifie la confiance en moi, je suis le maître de ma vie.

Mon âme se reconnaît dans ce qu'elle vit ; bien enracinée, je sais qui je suis, je ne subis pas ma vie, mais la crée.

Si je perds le contrôle de ma vie, alors je mets en place ce qui est nécessaire pour reprendre mon existence en main. Je pars à la rencontre, au plus profond de moi, de qui je suis réellement et me mets en quête de trouver ce que je désire vraiment.

Entamer un travail sur mes émotions me permet de recouvrer une certaine maîtrise, me conduit sur la voie de mon Être véritable et m'apporte la paix intérieure. C'est une des conditions pour enfin faire tourner la roue dans le bon sens. Il y va de ma joie de vivre.

Décider d'être acteur de mon incarnation évite que je sois dans la réaction et écarte le risque de violence envers moi et les autres, ce qui bloquerait toutes les énergies et toutes les capacités de mon Être.

Je choisis d'être inventif et créateur.

J'ose la vie !

Ma vie spirituelle

Cette roue est la roue du Karma.

Pour une maîtrise sûre et évolutive, j'adhère à l'idée que j'ai eu déjà des milliers de vies dans des corps différents, à des époques différentes et dans des statuts sociaux divers. Je prends conscience que ces successions de vie sont là pour m'enrichir, me faire avancer vers, à chaque fois, plus d'éveil.

Je réalise que ma liberté intérieure et ma joie ne dépendent pas de ce que j'ai vécu avant et je ne cherche pas à le découvrir. J'accepte juste le fait que j'ai eu besoin de toutes ces vies pour évoluer.

Je comprends que je dois m'attacher à devenir un Être conscient de l'unité qui me lie à l'Univers, à la nature, aux pierres, aux animaux et aux humains, dans cette existence. Vivre cette incarnation en pleine conscience est une priorité. Seule la sagesse héritée de mes vies passées doit infuser dans mon incarnation actuelle, apportant connaissance et spiritualité.

C'est là que je tiens vraiment la manivelle de ma vie, quand je me positionne avec humilité et joie au milieu du Tout comme étant simplement ce que je suis et à ma place quoiqu'il m'arrive.

La Force
Je libère mes tensions et me recentre

Les mots-clefs

*Autonomie, confiance, inspiration, centrage, spiritualité, connexion totale, foi, claire vision, magnétisme, courage, détachement, pilier de famille, force énergétique, connexion aux mondes animal et végétal.

*Conflit intérieur, rapport de force, manipulation, rage implosée ou explosée, psychorigidité, hyperactivité, autodestruction, violence envers les autres, manque de foi, incrédule, vampire énergétique.

« Dans mon ventre un diable et un ange s'unissent, formant un tourbillon. Tel un arbre, j'étire mes branches vers le ciel tout en enfonçant mes racines dans la terre. Je suis une échelle par laquelle l'énergie simultanément monte et descend. Rien ne m'effraie. Je suis le commencement de la création. »

Alexandro Jodorowsky.

En un instant, le silence se fit entendre. Les oiseaux cessèrent de gazouiller et les fleurs de chuchoter. Toutes les espèces sans aucune exception se turent ou se cachèrent. Paloma devait-elle craindre pour sa vie ? Ce n'était pas tous les jours qu'on se trouvait en présence d'un dragon. Était-ce son mental qui lui jouait encore des tours ? Était-ce la peur de l'inconnu ou le danger était-il bien réel ? Cette fois-ci, elle devait se positionner rapidement. Devait-elle prendre ses jambes à son cou ou, au contraire, se retourner et échanger avec celui-ci ?...

« Paloma n'en menait pas large et ses petits genoux jouaient des castagnettes sous sa chemise de nuit. Elle savait qu'elle devait lutter contre sa peur, car si le dragon la ressentait, alors il risquerait d'avoir un comportement de défense, craignant d'être lui-même en danger. Tout est relatif. Elle se demandait bien ce que ce géant pouvait avoir à redouter d'elle. Elle n'était pas plus grande qu'une mouche à côté de lui. Peu importe, elle allait appliquer ce que son professeur d'équithérapie lui avait enseigné l'autre jour. Ce jour-là, il s'agissait de ne pas avoir peur d'un chien, non d'un dragon, mais tant pis, elle ne voyait rien d'autre à faire. Elle devait contrôler sa respiration, ne pas faire de gestes brusques, ne pas laisser son mental prendre le dessus. Décidément encore et toujours lui. Se focaliser sur son intention qui était sans nul doute bienveillante. Si elle avait peur et montrait une once d'agressivité dans ses paroles ou ses gestes, le dragon se sentirait attaqué et réagirait de la même façon, c'était l'effet miroir. La vraie force était de se contrôler et de rester calme, très calme. »

Maëva Maïre, *Ma fille vient des étoiles*

Mon corps

La Force est tel un roc.

Je dois prendre au sérieux cette force qui vibre dans mon corps.

Pour ne pas souffrir, je dois éviter les débordements et les excès, voire même une certaine violence. Je ne dois surtout pas prendre trop à cœur tout ce qui m'arrive, mais m'efforcer de prendre du recul et accepter ce qui est comme étant juste. Cela me permet de maîtriser cette Force, cette incroyable énergie qui m'habite !

Lorsque je ne vais pas bien, le feu de la colère bouillonne au plus profond de moi et me brûle de l'intérieur créant des troubles tels que sécheresse cutanée, constipation voire même une déstructuration des cellules. Ma difficulté à digérer ce que je vis engendre des aigreurs d'estomac et des problèmes de digestion.

En calmant mon esprit, je ressens de suite les bienfaits dans mon corps et dans mes organes.

Je dois apprivoiser cette énergie extrêmement puissante sinon elle peut dégénérer et je risquerais d'en faire un outil violent de destruction ou d'autodestruction. Je dois absolument respecter mon corps et tenir compte de mes limites, préservant ainsi mon énergie et ma santé.

La pratique d'activités telles la sophrologie, la méditation, le tai-chi ou le qi gong m'aident à tempérer ce feu intérieur et à canaliser mes énergies. Je reste ainsi dans l'équilibre, limite les débordements et suis nourrie de bonnes vibrations.

J'ai tout intérêt à fortifier mon ancrage à la terre en travaillant les centres énergétiques du bas du corps et ma connexion au ciel en prenant soin des chakras supérieurs. Je crée ainsi une circulation d'énergie très fluide dans tout mon corps ce qui évite les stagnations, sources de douleurs et de mal-être.

La maîtrise de mes énergies débordantes me permet de prendre mes responsabilités pour tout dans ma vie, pour moi comme pour ma famille, car je possède une réelle force de pilier, de centre.

Mes émotions

Travailler et calmer l'intensité de mes émotions amène de la détente et de la douceur à mon Être. Je ne me sens plus obligée de tenir envers et contre tous face à des situations qui me blessent me poussant à paraître forte et inébranlable. J'accepte mes faiblesses sans avoir peur de perdre ma force, ne bloquant plus mes émotions et mes ressentis douloureux. En agissant ainsi, je permets à mon âme de dévoiler toute sa puissance, je ne bloque plus ma force.

La méditation m'aide à faire circuler mes énergies, à sortir de la dualité, voire du conflit. Je peux enfin être à l'écoute de mon âme tout en prenant en compte la force intérieure qui m'anime. Je ressens profondément que je peux faire preuve de force sans utiliser la violence, contre moi ou contre les autres.

Savoir que je suis forte m'évite d'employer ma force physique, ainsi la colère n'implose pas ou n'explose pas, mais se transforme en énergie pure d'amour.

La Force m'invite à prendre conscience que les autres répondent en miroir, c'est-à-dire en fonction de ce que je dégage, de l'émotion, souvent inconsciente, qui me caractérise. En travaillant sur mes propres ressentis, mes proches très naturellement changent d'attitude et me renvoient la douceur et la sérénité qui émanent alors de moi.

Les thérapies avec les animaux comme « l'équithérapie » mettent cela en lumière et sont d'une aide précieuse : quelle que soit l'émotion qui est la nôtre, les animaux la ressentent et réagissent en fonction de ce que nous vibrons. Cela nous oblige à prendre conscience de nos fonctionnements et de nos émotions inconscientes, nous permettant de les corriger et d'apprendre à les canaliser, à les transformer.

En libérant ma force, je libère aussi la claire vision et je modère mes certitudes qui prennent une allure plus souple, plus tolérante. Je m'accorde et j'accorde aux autres plus d'indulgence et de confiance.

Ma vie spirituelle

La Force traduit la quête de la connexion totale avec le Ciel et la Terre et l'accord entre ce que je ressens, ce que je pense, ce que je fais. C'est en m'ancrant au centre de la Terre, en me reliant au ciel et en laissant l'énergie circuler librement dans tout mon corps, que je trouve mon êtreté*. État de très hautes vibrations extrêmement pures qui place chaque Être au plus haut sommet de lui-même. Cela permet de tout observer avec un regard empreint d'une très grande sagesse, de beaucoup de détachement et de douceur.

Lorsque je ressens que je suis relié au Tout, je trouve un grand calme et sors de la tempête. Je me retrouve de suite en contact avec toutes mes capacités extraordinaires qui dépassent l'entendement humain : l'inspiration, l'intuition, la communication avec les animaux, les esprits, les arbres, toutes facultés qui me connectent avec les mondes éthériques* !

La Force permet de développer l'humilité. Je suis forte à l'intérieur comme à l'extérieur, aussi je suis dans l'équilibre universel. Je remercie l'Univers et j'offre tous mes talents aux autres en les mettant à leur disposition avec simplicité, discrétion, et respect.

L'énergie est tellement libérée que je peux devenir un excellent guérisseur du corps et de l'âme.

Le Pendu

Je me détache de toute souffrance

Les mots-clefs

*Lâcher-prise, confiance en la vie et dans le temps, inversion des valeurs, connexion à la nature, télépathie, éveil à la spiritualité.

*Attachement à ses rôles et à son statut, susceptibilité, rancune, dépendance affective, dévalorisation, besoin de béquille en permanence, syndrome d'abandon, attitude sacrificielle, victimisation, manque d'amour maladif.

« On n'arrive jamais à démêler le nœud d'une corde avec laquelle on s'est soi-même pendu. »

Souleymane Boel.

Assis au bord d'un ruisseau alors que je me croyais perdu, le vent se mit à me susurrer une douce mélodie. « Laisse le vent parler à ton âme et guider tes pas » me chantait-il au creux de l'oreille. Je dois dire que je n'avais jamais vu les choses sous cet angle ! Se pourrait-il que la vie soit aussi simple que ça ? Moi qui ai quand même tendance à me faire des nœuds au cerveau et à me buter dans des comportements souffrants je n'en crus rien ! Et si telle une plume je décidais de me laisser porter par le vent, par la vie ? Un grand sourire se dessina alors sur mes lèvres. Qu'il était doux d'envisager l'existence ainsi ! Tout lâcher et s'en remettre à plus grand. Cela allait vraiment me demander d'inverser ma façon de faire, mais en même temps celle-ci ne me procurait pas beaucoup de joie. Ma vie parfois me faisait penser à un combat contre la terre entière. Allez, chiche ! Aujourd'hui je m'offre ce cadeau, je me libère, je lâche tout et je m'envole vers mon bonheur. Je laisse l'Univers me porter là où se trouve ma juste place. Je lui fais une confiance aveugle, je lui abandonne mon devenir, lui qui sait tout et qui voit tout.

Mon corps

Il est capital pour moi de travailler mon ancrage. En ressentant et faisant vibrer mon premier centre énergétique, je fortifie mon lien à la terre et à mes racines. Pour développer ce lien je me promène dans la nature en conscience, c'est-à-dire, en étant présent à tout ce qui m'entoure. J'observe et me laisse traverser par les énergies de la faune et de la flore. Je consolide grâce à cette pratique mon lien à la Terre, mais aussi à mon corps. Je ressens, à chaque pas, le contact de mes pieds sur le sol, dans l'herbe et la contraction de mon périnée. Agir de la sorte renforce mes attaches terrestres et mon ancrage.

En négligeant cette connexion, je perds mon équilibre entre le Ciel et la Terre. Je peux alors souffrir de vertiges, avoir l'impression de flotter, de n'être plus accroché à rien, d'être désorienté et de n'intéresser personne.

Mon corps n'est que souffrance quand l'énergie qui vibre en moi est mal vécue.

Une des clefs pour accroître ma stabilité et me sentir solide et souple tel un roseau consiste à vivre ma vie humaine en conscience, dans une joie profonde de ce qui est.

Pour me guérir et accepter de m'aimer, je prends conscience de la nécessité de m'occuper de moi. Je choisis de bien m'alimenter et de changer mes mauvaises habitudes. J'apporte de la douceur et du calme à mon Être et à mon corps en me donnant du temps pour toute chose et en pratiquant toute discipline lente et paisible comme la marche, la danse, le Tai-Chi, le yoga, etc.

Le but est de lâcher la tension qui étreint mon corps, engendre des douleurs musculaires et crée des nœuds au niveau de la circulation énergétique.

Être pleinement présent me permet d'être attentif à tous les symptômes que mon corps exprime, cela doit me servir de GPS pour me diriger dans ma vie ! Mon corps me parle et m'informe à sa manière quand je m'égare.

Mes émotions

J'apprends la patience et je sais que le temps agit pour moi dès l'instant où je choisis une attache qui me permet de créer ma vie et de ne pas la subir. Pour ce faire, je me positionne différemment. Je prends pleinement conscience dans toutes les cellules de mon Être que je peux créer des liens simples, vrais et entretenir des relations épanouissantes et justes.

Afin de me détacher de ce qui me fait souffrir dans mes rapports aux autres, je dois lâcher prise et ne plus lutter en me reconnaissant comme un Être digne d'intérêt et d'amour. J'évite ainsi de croire que l'on peut m'abandonner. Je n'ai plus de raison de me comporter en tant que victime, je ne suis plus en manque d'amour et ne me sacrifie plus pour en obtenir.

Au lieu de crier « aimez-moi ! », je clame « je m'aime ! »

Décider d'envisager ma communication et ma vie en les regardant sous un autre angle est possible, c'est un choix. Je peux prendre les choses avec plus de détachement. Pour y arriver, je choisis de lâcher la charge émotionnelle. Moi seul peux décider d'arrêter d'alimenter tout lien énergétique toxique, en me donnant le droit d'aimer pour autant ! Pour arriver à opérer cette transformation je dois me pencher sur la notion de Pardon Universel*. Faire vibrer cette énergie de pardon dans mon cœur me procure une paix profonde et fait définitivement lâcher toute souffrance.

M'entêter dans mes ressentis ne mène nulle part. Je dois apprendre à voir le monde sous un autre angle, à inverser mes valeurs ; j'ouvre mon esprit et me libère de tout ce qui m'entrave. Je prends conscience que les situations et que mes émotions sont beaucoup plus chamarrées que blanc ou noir. Toute la palette des couleurs de l'arc-en-ciel peut les illustrer. Je réalise que tout évolue, tout bouge, et que tout peut changer. Pour y arriver, je choisis de lâcher tout ce qui me restreint, me limite, mais me rassure aussi ! Je choisis d'avoir confiance en la vie.

Ma vie spirituelle

En tant qu'énergie de confiance, le Pendu m'invite au lâcher-prise avec tout ce qui me limite, me rend malheureux, m'empêche d'évoluer afin d'être libre.

La confiance, la foi dans la vie, dans l'Univers, dans les autres est une des clefs pour matérialiser ce lâcher-prise. La patience aide également en permettant au temps de faire son travail.

Je choisis d'avoir la certitude qu'avec un regard spirituel, c'est-à-dire détaché des émotions et des contrariétés matérielles, je peux m'en remettre totalement à la Source. En toute confiance, je laisse l'Univers m'apporter les solutions bonnes et justes, qu'un regard empreint d'émotions et uniquement intéressé par un résultat immédiat ne permet pas.

Avec l'énergie du Pendu je réalise que le plus beau et le plus merveilleux des liens est celui qui me lie à l'Univers, à la Source et à son incroyable énergie d'Amour, empreinte d'une intelligence divine qui sait tout et qui voit tout !

Je laisse le vent parler à mon cœur et je laisse la vie bercer mon Être et mon corps au fil du temps.

L'Arcane sans Nom
Je me transforme

Les mots-clefs

*Dépouillement de tout ce qui est erroné, capacité à se renouveler, droiture, authenticité, adaptabilité au changement, connexion à la nature, accueil des cycles de la vie et de la mort, identité très affirmée.

*Tristesse, instinct morbide, peur de la finitude, déprime, pessimisme, incapacité à changer, perte d'identité.

> *« Un homme libre ne pense à aucune chose moins qu'à la mort, et sa sagesse est une méditation non de la mort, mais de la vie. »*
>
> Baruch Spinoza.

Lève les yeux et regarde-moi ! Arrête de détourner le regard et de fuir ! Pourquoi as-tu si peur de moi ? Je me demande ce que je réveille en toi qui t'effraie tant ?

Sous un aspect un peu rude, je te l'accorde, je ne vibre qu'authenticité et amour.

Est-ce cela qui t'angoisse tellement ? De regarder en face tes mensonges ? De te mettre à nu.

Dis-toi que vivre son authenticité est un rêve et que seule la période de transition est inconfortable et parfois un peu douloureuse. Point de changement sans acceptation. Une fois sorti du déni alors c'est un nouveau monde qui s'offrira à toi si tu le souhaites.

Ce chemin, bien sûr que tu es capable de le réaliser si tu le désires vraiment.

Si tu en es arrivé là, à te poser toutes ces questions c'est le signal d'alerte que ton Être se lasse de cette mascarade, qu'il a besoin de vibrer pleinement sa vraie identité. Il réclame enfin un peu d'authenticité.

Tu peux toujours choisir de reculer, mais je ne suis pas certaine que tu le vives très bien.

Arrive un jour où on ne peut plus se mentir. Une fois qu'on a ouvert les yeux, il est difficile de les refermer.

Tu le sais bien, tout au fond de toi que le moment est venu. Il est temps de faire tomber les masques et d'avancer vers ton vrai toi.

Je ne te dis pas que le chemin sera facile, je te mentirai et franchement ce n'est pas mon style. Facile non, mais merveilleux sans aucun doute, car plein d'espoir et de promesses. S'accorder avec son Être profond et vibrer sa vraie nature est un cadeau qui se gagne jour après jour, pas après pas. Il faut d'abord détricoter tout ce qui ne te correspond pas ou plus pour ensuite tricoter un nouveau vêtement qui te siéra parfaitement. Tu y seras vraiment à l'aise, plus besoin de te cacher, de faire semblant, d'adopter des attitudes qui ne te correspondent pas.

Tu seras toi tout simplement magnifique et vrai.

Mon corps

Le corps est un outil nécessaire pour accueillir l'esprit, je dois lui fournir une nourriture saine (qui vient de la terre), la plus naturelle possible, la moins trafiquée, car je ne la tolérerai pas autrement.

Si je ne prends pas soin de mon corps et que celui-ci grossit, je fragilise mes articulations qui souffrent, s'ankylosent, coincent et me bloquent. De grosses douleurs articulaires sont le signe que je me positionne mal dans la vie et que je dois m'alléger, me débarrasser de l'inutile qui me pèse.

Si je délaisse mon corps, celui-ci devient une prison qui domine mon Être profond enfermé en elle.

La frugalité et la qualité de tout ce que je mange me sont essentielles.

Si je me gave, mon corps me rappelle à l'ordre de manière parfois brutale. Il semble alors se disloquer et être très vieux, je perds toute mon énergie dans des efforts de digestion et une fatigue métabolique me mine.

À l'inverse, ne rien manger est un réel problème, car c'est le signe que je néglige complètement mon corps et l'oublie. Ce fonctionnement peut conduire à des comportements morbides (autodestruction, scarification, anorexie...). Je dois absolument prendre soin de lui, changer véritablement mes mauvaises habitudes qui me rendent morose. C'est une priorité, car sans mon enveloppe corporelle, plus rien n'est possible sur cette terre !

Une hygiène de vie équilibrée est la meilleure des préventions et une vie saine est ma première médecine.

Le squelette est à la fête tant qu'il reste agile. Je dois également entretenir la souplesse de mes muscles. Cela évite la rigidité physique qui durcit mon caractère et assombrit mes humeurs.

Je dois faire beaucoup d'exercices d'étirements afin de ne pas laisser mon corps se durcir et casser. Je pense à bien m'hydrater afin d'éviter tout dessèchement. Boire régulièrement permet d'entretenir mon incroyable énergie vitale, le bon fonctionnement de mes reins, de constituer un réservoir énergétique conséquent dans lequel je pourrais puiser le moment venu pour faire face à tout évènement que la vie amène.

Mes émotions

Mes émotions ne sont jamais en demi-teintes, « pas de faux-semblant ! »

Si je m'enferme dans un rôle, si je m'identifie à ce rôle, je deviens ce rôle. J'endosse son identité en oubliant qui je suis véritablement. Les rôles sont les multiples facettes de mon expression : profession, parent, amant, sportif... chacune de ces facettes est réductrice de ma nature véritable.

Je choisis ce que je désire garder, ce qui paraît être essentiel et en adéquation avec ce que je suis vraiment. Le cœur est en joie quand j'accueille cette partie de moi et que je me l'approprie.

L'Être doit sans cesse se renouveler, se régénérer, nettoyer le vieux, l'erroné, l'inutile et laisser couler en lui l'énergie nouvelle. Cela évite de s'enfermer dans un état de victime dû à la colère, la jalousie et la tristesse.

En me prédisposant au changement je me dépouille du trop en tout, je fais circuler les énergies en moi et je découvre ma capacité d'adaptation. Cela génère une grande confiance dans la vie et dans l'avenir.

L'expression « bas les masques » prend alors tout son sens : je joue avec moi-même en vivant les différents rôles de ma vie sans les laisser se figer en moi, cacher mon propre et vrai visage.

Arrive un moment où je ne peux plus renier qui je suis, rester dans le déni de moi. Je dois impérativement être à l'écoute de mon corps et de mes ressentis, accueillir mes émotions, les nommer et les gérer afin d'initier un changement positif. Si je persiste à ne pas m'écouter, mon énergie stagne, se charge petit à petit de négativité, devient lourde, bouillonne, et risque de se retourner contre moi.

Ma vie spirituelle

La mort ou la renaissance ?

Passage obligé, incontournable pour permettre la régénérescence de mon Être, de ma vraie identité. Pour cela, je dois accepter de détruire, déconstruire, détricoter dans un premier temps tout ce qui est faux dans mon existence. C'est la condition sine qua non pour pouvoir exercer une transformation profonde et reconstruire ma vie.

Je prends conscience que je suis un être plein de vie et de capacités, de possibilités pour user de ma puissance afin de devenir maître de moi-même et non des autres. Devant l'ampleur de la tâche, la peur risque de m'emmener vers la colère et la violence, la mise à mort de moi et des autres.

La mort, la fin, l'anéantissement de tout ce qui est faux, de tout ce qui fait désormais partie du passé n'est pas à redouter, car c'est le point de départ de la reconstruction, de la renaissance de mon Être profond et l'expression de mon âme.

La mort ? Existence ou non-existence, éternité ou impermanence ?

Impossible d'échapper aux grandes questions de la vie et de la mort et de l'après-mort ou vie.

La réponse donnée est capitale, car selon sa couleur elle va amener l'Être vers deux types de comportements.

Soit une sagesse certaine : les vibrations de cette réponse-là et non sa compréhension purement mentale vont venir apaiser au sein des cellules, dans l'ADN, la quête de mon Être. J'ai enfin trouvé qui je suis. Cet éveil me connecte à mon âme, me relie aux autres, me met en communion avec la nature et l'univers ; c'est enfin la Paix en moi.

Soit un mal-être profond : mon âme perdue n'habite plus mon corps et erre à la recherche d'une identité.

L'âme reviendra souvent s'incarner avant de trouver la réponse qui permet l'évolution : la vie ne s'arrête pas après la mort du corps.

Tempérance
Je communique

Les mots-clefs

*Accueil de tous ses pouvoirs, pouvoirs de guérison, fluidité de la communication, harmonie, sérénité, douceur, magnétisme du chaman, repos, patience, réconciliation, adaptation, foi en l'existence de l'aide subtile, grande énergie, capacité à se régénérer, altruisme, très bonne santé, joie de vivre.

*Non-acceptation de ses dons, passivité, procrastination, tristesse, abattement, détresse, dépendance affective, addiction de toutes sortes, déperdition énergétique, violence, impatience, déséquilibre mental et physique, désespoir, errance spirituelle, perte de sens totale.

> « *La tempérance est un arbre qui a pour racine le contentement de peu, et pour fruits le calme et la paix* »
>
> *Le Brahme voyageur,* Ferdinand Denis.

Telle une fée mutine je danse et chante la vie. Le pépiement des oiseaux, le cliquetis de l'eau du ruisseau, le soleil sur ma peau, l'odeur de la pluie, tout ici-bas m'enchante et fait pétiller mon cœur. La nature est mon royaume et chaque être qui y vit mon ami. Je communique avec eux comme avec vous et m'y ressource quand mon cœur trop plein d'émotions de toutes sortes n'arrive plus à gérer. La vie est un jeu.

Mon corps

Mi-ange mi-humain, qui suis-je ?

Je prends le temps de ressentir mon corps et je garde à l'esprit mon appartenance et la connexion de mon Être à l'univers et à la nature.

Ainsi je régule bien ma circulation énergétique et ne doute plus que j'existe en tant qu'humain dans ce corps physique.

Mes émotions sont très fortes et ont une répercussion immédiate sur tout mon organisme. Par exemple, la tristesse peut tellement envahir mon Être que je n'arrive pas à m'ancrer* solidement. D'autre part, si je suis toujours en connexion avec le subtil je ne suis pas ancrée totalement non plus.

Ces dysharmonies* en moi vont générer un déséquilibre. Je sens mon corps et parfois je ne le sens pas du tout, au risque de croire qu'il n'existe plus ou pas. Ces sensations au paroxysme de leur force amènent un inconfort très déstabilisant. Mon corps m'alarme, me rappelle à l'ordre, me dit de m'occuper de lui, de remplir ma mission terrestre.

Pour ne pas fragiliser ma santé, je respecte mon corps, son incroyable énergie et n'en abuse pas. J'en prends soin grâce à des activités physiques telles que le yoga ou le Tai-chi qui vont permettre d'entretenir la bonne énergie de chaque chakra et des glandes qui y sont associées. La danse et toutes les disciplines qui apportent de l'harmonie, de la beauté, de l'élégance et de la joie, alliant ainsi le bien du corps et de l'esprit me sont bénéfiques.

Je dois être très attentive à ne pas gaspiller ce merveilleux cadeau de la nature qui est cette grande énergie vitale. J'ai tendance à la surestimer et à la croire inépuisable, à tort ! Si je ne respecte pas mon corps et ses besoins physiologiques : un sommeil réparateur, une nourriture saine et équilibrée, je l'épuise et mets ma santé en danger. Mon hypersensibilité peut me piéger et me donner envie de me réfugier dans toutes sortes d'excès : manque de sommeil, déséquilibre alimentaire, abus d'alcool et consommation de drogue. Ces abus qui au début me procurent une sensation de liberté, d'avoir des ailes (normal pour un ange !) me sont à terme extrêmement néfastes.

Si je respecte mon corps et garde mon âme en joie je préserve mon énergie. J'avance alors dans la vie, le cœur léger débordant de vitalité.

Mes émotions

Je dois pour mon bien-être, libérer la charge émotionnelle par des respirations, des méditations et aussi par la pratique de l'art sous toutes ses formes. Grâce à cette discipline du corps et de l'esprit je sors de l'intensité émotionnelle, ne m'enfuis plus dans des vies rêvées et non réalisées. Moins lourde et plus libre je peux me mettre en communication avec mon corps, me relier à la vie et aux autres.

Je dois veiller à ne pas m'enfermer dans une communication stérile à l'intérieur de moi, ça me serait fatal, risquerait de m'isoler et de me laisser sombrer dans la déprime.

Pour trouver cet équilibre, je dois toujours chercher à relier le Ciel à la Terre en moi (l'esprit et le corps). Pour cela, je développe une bonne communication entre ce que je pense, ce que je ressens et ce que je fais.

Je prends pleinement conscience de ma vie humaine, de son importance, et je l'accepte comme étant une possibilité d'évolution. Je choisis d'utiliser tout moyen qui mettra du beau, du bon dans ma vie. Dans le cas contraire, je risque de me couper de mon Être profond, d'attacher trop d'importance aux autres et aux évènements extérieurs à moi. Je ne suis plus dans l'harmonie et peux tomber dans les addictions. Pour retrouver l'équilibre, je dois aller à la rencontre de mes émotions, les accueillir, les nommer et les pacifier.

Danser et chanter la vie me procure la joie, guérisseuse de l'âme.

Ma vie spirituelle

Tempérance, ange de l'harmonie et tout est dit !

Mon cœur est nourri par le chœur des anges. Cette nourriture est une nourriture spirituelle et énergétique.

Je suis comme une immense centrale parabolique qui reçoit directement toutes les informations de l'Univers et j'ai la capacité de me mettre en contact avec elles. J'y arrive si je choisis la bonne attitude qui permettra à l'énergie céleste de couler en moi jusqu'à la terre.

Cette attitude positive est l'état de JOIE.

Je choisis de développer cet état qui génère la danse de l'Être. Le dépassement des peurs évite les blocages énergétiques et facilite la circulation de toutes les énergies positives qui vont m'aider à gérer les vicissitudes de ma vie humaine.

Je dois absolument prendre conscience de la beauté de mon âme, de ses valeurs d'humilité, de douceur, d'amour sans pour autant nier mon côté sombre. C'est en restant lucide sur ma part d'ombre que je peux me positionner et choisir mon camp : l'ombre ou la lumière.

Il est évident qu'en choisissant la lumière je développe la joie qui guide l'Être et domine le monde des ténèbres en moi.

De ce fait, je suis beaucoup moins perturbée et déstabilisée par le côté sombre. Même s'il trépigne parfois, ses tentatives d'émergence ne gagnent pas la partie.

Je gagne en sérénité et en sagesse.

Le Diable

Je transmute mon ombre

Les mots-clefs

*Magnétisme, charisme, passion, sexualité épanouissante, lucidité, clairvoyance, conscience de ses pouvoirs et de sa puissance, remise en question de ses zones d'ombre, grand humour, grande intelligence, équilibre financier, amour de la matière, grand amour sublimé.

*Manipulation, orgueilleux, pédant, besoin de plaire, ressentiment, culpabilité, jalousie, égocentrisme, angoisse, colère, brutalité, dépendance à la sexualité et à toutes sortes d'addictions, capable de sortilèges, possessif, vampire énergétique, débauche, perversion, malveillance, dualité.

« *Combats le diable avec cette chose que l'on appelle l'Amour.* »

Bob Marley.

Le Diable était toujours planté en face d'elle et la regardait d'un air goguenard. Il était horripilant ! Allait-il dire quelque chose ou allait-il la laisser se dépatouiller toute seule ? Pour le moment, il avait l'air de se régaler !

— C'est fou, l'effet que je fais. À chaque fois, je m'en étonne. Les gens ne sont tellement pas habitués à regarder en eux ce qui vibre et qui est sombre, que ça leur fait un choc. Et pourtant, comment voulez-vous prendre conscience de ce qui vibre en vous, aussi sombre que cela soit, le guérir et l'accepter, si vous restez dans le noir ? En fait, je suis un illuminateur, tel un *falotier*,[1] je rallume les lumières à la nuit venue, pour que vous puissiez voir les pièges, distinguer où vous mettez les pieds. Je ne rebouche pas les trous, je ne déplace pas les écueils qui jalonnent votre cœur, je vous montre juste où ils se trouvent, leur profondeur et ce qui les a causés. À vous de décider ce que vous souhaitez faire. Préférez-vous tomber à chaque fois dedans, continuer à les creuser pour en faire des précipices ou préférez-vous les contourner, voire les reboucher ? À vous de choisir comment vous allez utiliser cette grande énergie d'amour qui vibre en vous. C'est en ayant conscience de tout ce qui se trouve en vous que vous pourrez vous positionner et utiliser votre libre arbitre. C'est en connaissance de cause que l'on peut alors choisir son camp ! Il est capital de bien cerner ce qui anime votre cœur, afin de prendre contact avec vos peurs et de les destituer de leur trône ! Ainsi, conscient de la force d'amour qui vous habite, cet Amour peut devenir un bouclier. Vous pourrez ouvrir les bras, pour donner et recevoir sans craindre ni de faire mal ni

---

[1] Allumeur de réverbères

de souffrir, car l'Amour réunit et console. Toute cette puissance peut être utilisée de bien des façons. Nous sommes tous capables de transformer notre côté sombre. Il s'agit d'une quête, la quête de la vraie rencontre de l'autre et de son cœur.

Finalement, sous des airs de démons, le diable était plein de sagesse et d'Amour, comme quoi il ne faut pas se fier aux apparences, elles sont trompeuses !

Maëva Maïre, Ma fille vient des étoiles

Mon corps

Une force incroyable se dégage de moi. C'est une puissance qui vient de la terre et rayonne dans tout mon corps depuis mon premier et deuxième chakra. Je dois apprendre à l'apprivoiser et ne surtout pas tenter de la développer. Je dois plutôt chercher à l'équilibrer. Pratiquer des exercices de méditation ou de yoga stimule les centres énergétiques du haut du corps et tempère cette énergie terrestre, ce feu. Prendre soin de mes chakras supérieurs permet d'ouvrir mon Être à la conscience, à la spiritualité et à la lumière.

Je dois absolument apporter de la douceur à mon corps et calmer mes pensées toujours en ébullition. Je risque de me laisser influencer par mon mental puissant et manipulateur. Si je le laisse faire, il est capable de se comporter en grand maître, égocentrique et narcissique et de parader comme le paon. À l'extrême mes paroles peuvent être assassines et cassantes et faire du mal.

Afin de faire lâcher mon mental et dévoiler toutes mes qualités, je dois me mettre en contact avec mon ressenti, mes émotions, m'intéresser aux autres et apprendre à me regarder tel que je suis vraiment : un être charismatique, passionné, intelligent, bienveillant et plein d'humour.

J'accepte mon corps tel qu'il est et ne me laisse pas guider par mes peurs. Je considère ma sensualité et ma sexualité comme un cadeau merveilleux dont je n'abuse pas pour manipuler mes partenaires.

Bienveillant envers moi-même, j'accueille mon originalité quelle qu'elle soit et m'autorise à la vivre pleinement et dans la joie. J'accepte et je vis sans culpabilité mes différences (homosexualité, marginalité, etc.).

Rester dans la compassion et l'empathie, me tourner vers les autres avec amour, adopter des gestes élégants, mettre ma lucidité et ma clairvoyance* au service de chacun me préserve de bien des maux.

Je suis alors un accompagnateur, thérapeute très doué, car j'aide à définir les peurs et à les dompter, je tourne en dérision qui je suis et ainsi ne sombre pas dans l'orgueil.

Mes émotions

Grande énergie au niveau du cœur soit d'amour soit de haine.

Mes pouvoirs sont immenses. Ils sont générés par la puissance de l'amour. Aussi, il est important que je me positionne pour l'ombre ou pour la lumière.

Si je choisis l'ombre, j'utilise cette énergie d'amour à des fins de pouvoir personnel et je vais abuser les autres, animé par un besoin incompressible de dominer mon entourage. Tous les moyens sont bons, le mensonge, le chantage, la manipulation, je ne peux pas m'en empêcher, ça vient du plus profond de moi et devient insoutenable. Je ne peux éviter de vouloir être admiré, j'en deviendrais jaloux et méfiant. J'en souffre et suis en proie à mes propres démons, enchaîné à mes propres pulsions, peurs et émotions destructrices. J'ai beaucoup de difficultés à faire confiance. Malheureux et mal aimé, je risque de mettre mon magnétisme, ma puissance et mon intelligence au service de mon ego et de mes perversions.

Si je choisis la lumière, je vais l'utiliser à des fins altruistes et je vais soigner par clairvoyance et magnétisme. Je dois bien me mettre en contact avec ce qui anime mon cœur. Pour cela je nomme mes peurs, afin de les connaître. Cela me permet de dédramatiser la situation et de les destituer de leur trône. Elles perdent de leur force et se transforment en alliées. C'est ainsi que je peux m'ouvrir à la vraie vibration de l'amour, la laisser couler et circuler librement en moi.

Mon salut je le trouve quand je me reconnais comme un être de pur amour, unique en son genre, osant donner tout ce que je suis sans rien attendre en retour et sans craindre les foudres des autres. Je rayonne de mille feux et peu m'importe si ma lumière éblouie et dérange, à partir du moment où seul mon cœur s'exprime.

Ma spiritualité

Je ne dois jamais oublier qui est le Diable ! Lucifer, le porteur de lumière, ange qui a accepté d'être déchu pour mettre les humains face à leurs zones d'ombre. Je suis donc porteur de lumière au regard d'aigle et à la grande sagesse. Je me donne la mission de permettre à chacun de s'affranchir de ses peurs et de vibrer l'amour. Pour ce faire je suis pleinement soutenu, inspiré et guidé par des vibrations subtiles. La foi inébranlable en ces énergies divines me fortifie dans qui je suis, ce guérisseur de l'âme.

Je prends conscience que ma vie n'a d'importance que si j'accorde la même importance à la vie des autres. Ainsi ma communication devient une quête de la vraie rencontre avec l'autre. Mon cœur est nourri et sublimé par cet échange.

Si je prends conscience de la force de l'amour qui m'habite, je n'ai plus peur, car l'amour est mon bouclier. Je ne cherche plus à plaire, je me contente d'être et cela me comble.

Il me suffira d'ouvrir les bras pour donner et recevoir sans craindre de faire mal ou de souffrir, car l'amour réunit, console et guérit.

Je suis un vrai enlumineur ou révélateur de la lumière comme de l'ombre de chacun, à vous ensuite de trouver le courage de rayonner, d'affronter votre ombre, de la transcender.

Rester dans le déni ne fait que permettre à cette ombre de s'installer en nous.

Si je décide d'entreprendre ce chemin alors toute la puissance du Diable devient Amour et me permet d'atteindre les plus hauts sommets de mon Être.

Sans prise de conscience, rien ne peut s'opérer !

La Maison Dieu

Je change mes schémas de pensée

Les mots-clefs

**Goût de la fête, joie et lumière intérieure, intelligence, goût du dépassement, capacité à se remettre en question, foi et confiance dans le changement, capacité de se déprogrammer et de se reprogrammer, grande ouverture d'esprit, accueil de l'énergie universelle, illumination de la conscience, capacité d'anticipation, pouvoir de résilience.*

**Recherche constante et excessive de l'adrénaline (besoin permanent de repousser ses limites), orgueil, ego démesuré, déni de ses faiblesses, besoin de se justifier, mémoires de sexualité déviante, enfermement mental, tristesse profonde, handicap, destruction physique, incapacité à rebondir.*

« La folie est de croire que le résultat peut être différent alors que l'on fait toujours de la même manière. »

Albert Einstein.

Tel un magicien, j'ai cette incroyable capacité à me programmer et à me déprogrammer à volonté. Chaque fois que je réalise que je ne suis pas dans la joie de mon Être, je choisis de tout transformer et de recommencer. Cela je l'ai compris un jour ou je me sentais lasse. Pourtant il me semblait que j'avais tout pour être heureuse, mais malgré tout je me sentais comme enfermée à l'intérieur de moi-même. J'ai réalisé que personne d'autre que moi n'avait la clef de ma liberté. J'ai aussi compris que petit à petit, je m'étais enfermée dans des fonctionnements, dans une routine qui me menait toujours aux mêmes endroits. J'étais comme coincée dans une sorte de prison dorée. Je devais me remettre en question, remettre en question mes fonctionnements et tous mes schémas de pensée, choisir de faire différemment. Il me fallait d'abord calmer mon ego et mon orgueil, accepter de dépasser les nombreuses peurs que les mots « liberté » et « changement » réveillaient en moi.

« Déconstruire et reconstruire » devint ma devise.

Pow, zip, blop, wizz fait l'Être enfin libéré ! Quand je me remets en question et avance en tenant compte de ce qui me procure de la joie, alors je pétille et explose de bonheur telle une bouteille de champagne. Je suis enfin récompensée du courage que j'ai dû trouver pour changer mes schémas de pensée. Tous mes vieux programmes ont été mis dans la poubelle et mon Être est totalement régénéré. Ma couronne ouverte laisse entrer en moi le feu Divin, je me reconnais comme un Être lumineux, guidé par l'Énergie Universelle. Je vibre, je suis dans la gratitude la plus totale pour tous les cadeaux de la vie. Je me sais accompagnée, protégée et bénie. « Je suis ».

Mon corps

Je fais de mon existence un hymne à la vie et à la joie en changeant ma façon d'appréhender tous les domaines. Ainsi je ne subis plus les aléas en tout genre et ma vie ne me paraît plus une fatalité, mais un immense terrain de jeu.

Le feu de mon mental est très puissant ! Il tourne et retourne toute pensée au risque d'en faire une obsession. La tension est telle que des migraines ou des tics faciaux peuvent apparaître.

Toutes les activités physiques me permettant d'évacuer le stress, de calmer mon mental et de travailler ma souplesse me sont bénéfiques. Des exercices doux de méditation et de yoga peuvent aussi m'aider à relativiser. Les massages qui travaillent sur le bas du corps font redescendre la pression, rééquilibrant le yin et le yang.

M'entêter dans les mêmes fonctionnements est nocif pour mon corps qui à la longue risquerait de lâcher. L'Être dit alors « il faut arrêter cette fuite dans l'enfermement, il faut tout casser non pas à l'extérieur, mais dans mes habitudes : tout casser et respirer »

Je dois absolument tenir compte des différents signaux d'alarme que m'envoie mon corps : des accès de fièvre viennent me prévenir qu'il faut calmer le feu. Des tics au niveau du visage sont également le signe que cette pression pousse à l'intérieur de moi et est prête à exploser et à me faire imploser !

Mon corps peut subir également des attaques acides qui sont très corrosives et néfastes pour mes organes : brûlures d'estomac, remontées acides, mauvaise haleine… Cette acidité est une autre conséquence du feu qui brûle en moi et de l'aigreur de mes émotions. C'est comme si on chauffait à des températures extrêmes de la boue ! Rien n'y résiste ! Une alimentation adaptée à un terrain acide est recommandée pour calmer ces différents maux.

Attention, car trop de chaleur assèche tout et rigidifie mon corps qui craque comme une vieille bâtisse. Il est prêt à se casser au moindre choc. Je dois absolument travailler ma souplesse, m'hydrater de l'intérieur en buvant beaucoup d'eau et en huilant ses rouages grâce à un apport conséquent en huile végétale de très bonne qualité.

Je somatise beaucoup et la puissance de mes émotions se répercute immédiatement dans mon corps.

Mes émotions

J'ai deux façons très opposées de me comporter.

Consciente de la toute-puissance qui m'habite et de toutes mes possibilités, je suis humblement reconnaissante à l'univers de ce don immense. Je sais que cette bénédiction est un cadeau et que je peux en bénéficier quand je suis dans la gratitude et le respect de la vie sous toutes ses formes. Consciente du lien avec les autres mondes (minéral, animal, végétal, angélique), je prends ma juste place au centre de ceux-ci et me sens alors en totale sécurité. J'ai ainsi toute latitude et capacité à affronter les évènements et à les résoudre dès l'instant où je suis en connexion avec ces différents mondes. J'apprécie ce cadeau de la vie, toutes les possibilités qu'elle met à ma disposition, toute la puissance énergétique qu'elle me donne et alors l'âme est en joie, ma vie est une fête. Je comprends que je peux me déprogrammer et me reprogrammer à tout moment.

Ou alors, consciente de toute ma puissance et de mes capacités infinies je considère avoir tout pouvoir sur la vie, les autres et l'univers. Mon ego devient une baudruche qui, un jour, va éclater, car je serai dans la démesure. Dans ce cas-là, l'orgueil prenant tout l'espace en moi, je me crois invincible, plus intelligente plus, plus, plus que tous les autres et je risque de finir seule, l'âme en pleurs, triste et aigrie. J'ai toujours raison et je me justifie pour tout ! Comment ose-t-on me défier ! Je suis convaincue de mon intelligence, je le suis certes, mais il me manque souvent celle du cœur et l'humilité qui me rendraient tellement plus agréable et accessible. Je dois cesser de me croire au-dessus des autres ! Si jamais la vie vient me bousculer et me fait choir de ma haute position, j'ai beaucoup de difficultés à ne pas prendre ce coup dur comme un anéantissement. Je risque de m'écrabouiller seize étages plus bas, le nez dans la poussière. Pour rebondir, je dois trouver au fond de moi la sagesse et la force de me dire que cet échec peut être très constructif. Je peux en tirer un enseignement, en ressortir grandie ; cela peut me permettre de consolider mes bases pour qu'elles soient plus stables. Je me déprogramme de mes anciennes habitudes, je dois changer mes schémas de pensée et accepter de faire différemment. Je gagne en confiance en moi, en l'autre, développe l'amour, la coopération, le partage et l'humilité.

Quand je ne suis pas dans la joie intérieure, je sais que je dois changer mes schémas de pensées et que je dois mettre mon mental au service de mon cœur et non pas l'inverse.

Ma vie spirituelle

« Le mental au service de l'esprit. »
L'esprit, cette partie de nous plus haute, plus dimensionnelle et plus efficace que l'intellect.

C'est la grande et incontournable invitation de la Maison Dieu : mettre mon mental au service de l'esprit. C'est à cette condition que mon Être peut se régénérer, laisser passer en moi l'énergie de transformation pour libérer l'âme de son carcan. Mon âme alors explose de joie et appréhende tout évènement terrestre avec calme et confiance. Sinon c'est le chaos, la porte ouverte aux explosions, car l'âme étriquée souffre et manque de respiration.

J'ai conscience de toute la puissance de vie et d'amour qui m'habite.

Je comprends que la plus haute intelligence est celle qui me permet de réaliser que ma conscience est un cadeau sacré. C'est un joyau précieux qui m'aide à regarder la vie avec humilité et respect. Je dispose de mon libre arbitre pour décider de changer profondément ma façon d'appréhender ma vie et je choisis la direction, la couleur et la forme que je veux donner à mon avenir, sans attendre que des évènements extérieurs me forcent à réagir.

Quand j'agis, que je porte considération et respect aux autres, je suis riche, plein d'amour, heureux.

La joie nourrit mon âme, la vie et la mort cohabitent et deviennent simplement un processus naturel d'existence sans que l'un soit plus terrorisant que l'autre.

L'Étoile

J'ai foi en moi et en l'abondance de l'univers

Les mots-clefs

**Bonté, douceur, foi en l'abondance de toute sorte, conscience de recevoir l'énergie universelle, conscience d'avoir le droit de s'en servir pour soi et conscience d'avoir la joie de la distribuer, gratitude pour ces cadeaux de l'Univers, féminité, foi sans faille, capacité de résilience, humilité, intuition, canal, médium, amour, gentillesse, grande spiritualité, ouverture à des mondes stellaires ou d'autres galaxies.*

**Déconnexion, errance, folie, doute, coupure, naïveté, ignorance, acte sacrificiel, déni de soi, perte d'énergie vitale, perte de sens de la vie jusqu'à dépérir, dépression, impossibilité d'accueillir l'énergie universelle et ses cadeaux, incrédule, syndrome du sauveur.*

> « *La plupart des éléments qui nous composent, toi et moi, ont été façonnés à l'intérieur d'étoiles qui ont existé il y a bien longtemps, avant la création de la Terre. Nous pouvons même dire que nous sommes tous les enfants des étoiles* »
>
> *Georges et les secrets de l'univers,* Stephen Hawking.

Le ciel est si près de moi que je n'ai qu'à lever les bras pour te toucher ma bonne étoile. Tu rayonnes en mon cœur et je m'abreuve à ta source lumineuse me nourrissant de ton énergie bienfaitrice. En toi je mets toute ma foi, mon espérance et tu me donnes en échange un profond amour céleste.

Étoile divine tu guéris mon âme des blessures anciennes, mon corps des douleurs humaines et mon cœur des souffrances affectives. Là où il y a la peur, tu amènes la paix, là où il y a la tristesse, tu amènes la joie.

Ma bien-aimée, grâce à toi je suis abondamment nourrie tant sur le plan spirituel que matériel ; je reçois tellement que, comblée, je donne, à mon tour, sans retenue aux autres, leur offrant l'énergie de guérison et d'amour.

Dans ton ciel de nuit, tu m'as appris l'émerveillement, le sacré et la gratitude devant tant de beauté. Tu as lié mon âme à la Nature et à ses esprits dans le monde végétal, minéral et animal.

Mon corps

Mon corps doit être entretenu et vécu comme étant un bien précieux. Je dois lui apporter beaucoup de respect et d'Amour en en prenant soin pour qu'il continue à être plein de vie et lumineux. Malheureusement quand je ne vais pas bien j'ai tendance à le négliger, voire le maltraiter. Je peux gaspiller mon énergie pour les autres et ne me laisser que quelques miettes. Quand je dépasse mes limites, et suis sur le point d'y « laisser ma peau », pour se faire entendre, mon corps peut se couvrir d'eczéma et ma peau se dessécher. C'est le signal d'alarme que je suis en déséquilibre.

À force d'avoir la tête dans les étoiles, je peux oublier que je suis humaine et matière.

Mon Être intérieur me fait alors maigrir au risque de détacher mon corps de la Terre. Pour résoudre ce problème, il est indispensable que mon regard lâche l'horizon du ciel. Revenir face à la réalité, dans la pleine sensation de mon Être, des pieds à la tête est une priorité.

Ou alors, mon Être intérieur peut me faire grossir pour alourdir mon corps afin de tenter de le fixer à la terre. Je dois impérativement réveiller ma conscience, accueillir pleinement ma condition humaine et me reconnecter à la Terre.

Dans les deux cas, il y a souffrance profonde alimentée par une grande tristesse. Ce mal-être, s'il perdure, peut engendrer une déprime.

Se faire masser, pratiquer le qi gong, le yoga, ainsi que la poterie, la sculpture, la peinture et le jardinage m'aident à y arriver.

À l'inverse si je m'efforce d'accepter ma vie terrestre, j'incorpore avec joie et félicité mon corps et la vie est une fête, un hymne à la joie. J'accueille l'énergie de vie et la transmets dans une circulation joyeuse et fluide. Alors mon corps est une consécration de cette félicité et respire la santé, la robustesse, l'amour.

Nourrie par la puissance et l'amour de mon Être, mon étoile brille sans craindre de perdre sa lumière.

Mes émotions

Je lâche toutes mes peurs, tous mes doutes, je les laisse couler à l'extérieur de moi afin de m'épurer de ce trop-plein d'émotions. Je ne doute plus de moi, de ma place, et de ma raison d'être ici-bas.

Je fais ma lessive, lessive émotionnelle j'entends ! Avant de réussir à avoir confiance en moi et en la vie, je peux passer par des périodes de grand nettoyage. J'ai l'impression d'être dans un tambour de machine à laver. C'est fatigant, mais salvateur ! Lorsque ce travail touche à sa fin, les larmes coulent. Je retrouve alors une certaine sérénité émotionnelle. Tout est purifié, ma vie reprend le dessus avec simplicité et légèreté. Je suis à nouveau capable de voir que je reçois en permanence et en abondance des énergies d'amour. Je réalise que je peux les distribuer sans me limiter à tous ceux qui m'entourent.

En ayant conscience de ce mouvement permanent de réception et d'émission je ne redoute pas de donner beaucoup, car je reçois beaucoup moi-même. Je ne crains plus de me tromper, je puise ma confiance dans les étoiles et m'en sers pour vivre sur la terre. Je concrétise tout ce en quoi je crois. Cela me demande une foi sans faille en moi-même et en la vie.

Je bénéficie de toute la douceur et de toute la beauté intérieure de l'énergie universelle, car je suis connectée au beau, au doux, à la gentillesse, à la poésie de la vie. J'apporte humblement aux autres ma lumière, je leur suis d'un soutien fidèle, discret et efficace.

Je remercie la vie.

Ma vie spirituelle

La connexion de l'Étoile au céleste et aux autres plans de conscience est toujours très importante.

Que j'accepte ou non cet état de fait, que j'en sois consciente ou non, ce lien est indéniable et toujours présent, car on est dans une sphère de spiritualité.

Cette spiritualité ou appartenance à des mondes autres que la terre est très prégnante dans l'âme, d'où les souffrances immenses lorsque cette réalité n'est pas conscientisée.

Cette connexion lorsqu'elle est bien vécue et totalement accueillie, me permet d'être dans une Foi sans faille. Trouver cette Foi, m'amène à ne plus rien craindre, à être dans une confiance totale en une force supérieure qui, quoi qu'il arrive, répondra en temps et en heure, à tous mes besoins.

Cela nécessite un abandon total de toutes mes croyances, mes peurs et mes doutes. Je dois également accepter que la Terre, l'Univers et le Cosmos fassent partie d'une seule et même entité.

L'Étoile invite chaque âme à retrouver et à accepter sa lumière et son êtreté*****.

Je conçois que la Terre et les Humains sont infiniment petits par rapport à la multitude de Galaxies et à l'immensité de l'Univers. Pour ce faire j'accepte mon appartenance à la lumière, aux anges, au bon. Cela nécessite aussi de prendre conscience de l'éphémère du matériel et que la réalité de la vie a plusieurs facettes. Mon âme peut simultanément vivre plusieurs réalités sur plusieurs niveaux de conscience : je suis sur la terre, au même moment je suis sur un autre plan et je réalise autre chose, mais tous ces plans ont un lien commun, et découlent tous les uns des autres.

L'Étoile devant cette multiplicité d'expression reste sage et humble en s'attachant à faire du bien, du beau, du juste et du sacré.

La Lune

J'équilibre ma vie intérieure et ma vie extérieure

Les mots-clefs

*Créativité, douceur, maternité, instinct maternel, sensibilité, psychologie, grande intuition, maturation, patience, respect des cycles, conscience du sens profond du rôle de mère, communication fluide entre les parts du féminin et du masculin en soi, clairvoyance, ésotérisme, médiumnité, lecture dans l'inconscient, intérêt des messages délivrés par les rêves nocturnes.

*Créativité stérile, illusion, superstition, hallucination, sensiblerie, émotivité, dépendance aux substances (alcool, drogue...), mythomanie, dépression, déconnexion totale de la réalité, cyclothymie, refus de la maternité, dévalorisation totale du statut de mère, peur viscérale de l'inconnu et de la mort.

« Avec moi, tu vas créer de nouveaux mondes, imaginer et rêver une vie plus créative. Appuie-toi sur mes cycles pour te ressourcer et régénérer ta capacité à t'émerveiller. »

Tarothérapie, Caroline Gillot.

Penchée sur ma toile, la nature, ma muse me soufflait à l'oreille comment m'y prendre. Inspirée, habitée par sa beauté, peu à peu, touche après touche, j'y déposais toutes les couleurs de sa beauté. Je m'autorise à exprimer pleinement ma sensibilité : quel bonheur de pouvoir ainsi créer des paysages, des mondes magiques, tout ce qui traverse mon esprit. Seule avec moi-même, heureuse et en paix, je plonge dans mon inconscient pour y puiser mon inspiration. J'utilise tout mon imaginaire et mon ressenti pour créer et donner vie. Ces moments me font vibrer et comblent mon existence. Parfois, ce n'est pas immédiat, je dois accepter un temps de gestation plus ou moins long avant de pouvoir faire quelque chose de tout ce que j'ai en moi.

Je m'émerveille de tout et de rien. Cette grande sensibilité fait partie de moi et il ne m'est pas toujours aisé de l'accueillir et de vivre avec. Parfois la vie me bouleverse. La tentation est grande de fuir dans d'autres réalités pour m'y réfugier, mais j'ai compris que cela était un piège et que je pouvais m'y perdre. Je dois équilibrer mon intérieur avec mon extérieur, mon yin et mon yang pour être complète, « pleine », comme la lune certains soirs.

Mon corps

Je suis le Yin et le Yang* à la fois et je ne dois surtout pas les séparer. C'est une condition pour que mon corps soit équilibré. Il n'y a pas de choix à faire. Prendre conscience de cela permet de ne pas lui infliger les outrages d'une limitation dans son image et son expression.

Deux possibilités :

- ✸ Quand je suis trop dans le Yang, je vis essentiellement dans l'extériorité, dans la superficialité. Mon corps est guidé par l'apparence, la vie facile, mais je ne le laisse pas être inspiré, modelé par ma vie intérieure, mon âme, mon Yin. Mes émotions, mes ressentis, ma sensibilité, réduits au minimum amènent insuffisamment de poésie et de profondeur à mon corps et à mon expression. Je risque ainsi de m'infliger des souffrances physiques et psychologiques dans le seul but de réveiller mon yin. Je suis en déséquilibre et je souffre.

- ✸ Quand je suis trop dans le Yin et ne donne vie qu'à l'intérieur de moi, oubliant mon corps, je ne suis qu'imaginaire, sensibilité, intuition, ressentis, émotions. Beaucoup de souffrances m'assaillent, car je ne vis qu'à l'intérieur de moi (problèmes lymphatiques et circulatoires). J'ai l'impression de ne plus avoir d'enveloppe corporelle ! Je vis dans ma tête et dans mon imaginaire. C'est le terrain de jeu de prédilection de mon mental et de mes émotions pour me noyer dans des tourments intérieurs. Je dois absolument m'ancrer, travailler avec mes mains, faire des activités qui mobilisent réellement mon corps comme la poterie, le dessin, la danse, le jardinage ; des activités qui me poussent à utiliser mes membres, mes muscles, ce corps dont je ne vois pas l'utilité.

Dans les deux cas, il y a un manque certain de l'autre partie Yin ou Yang.

Je dois m'attacher à être bien dans mon corps et en prendre soin. Je dois également prendre soin de mes ressentis et créer ainsi un équilibre entre les deux.

Mes émotions

Mon monde intérieur, le yin, est fait d'émotions où mon ressenti est puissant. J'ai un émotionnel très développé, je suis hypersensible ! Tout mon Être vit le positif comme le négatif d'une manière exacerbée !

Mon monde extérieur, le yang, est fait de matière, c'est mon corps.

Il est important d'accepter que je suis un tout. Ma vibration et mes ressentis sont tout aussi réels que mon corps. Je dois m'efforcer d'harmoniser ces deux polarités. Trouver un équilibre entre ce que je fais et ce que je ressens est ma priorité. C'est là la clef de la paix et la sérénité.

Si je ne tiens pas compte de mes ressentis, je risque de déclencher des maux et des comportements qui révèlent mon statut de victime et ma tristesse profonde. Je dois prendre du recul, relativiser, amener à l'extérieur mes ressentis afin de dédramatiser et être plus juste, avoir du discernement !

Je dois m'atteler absolument à voir le beau, le positif et la simplicité de la vie ici et maintenant. J'en profite, me l'appropie, je reste une personne sensible certes, mais optimiste. J'évite ainsi de me complaire et de sombrer dans une sensiblerie permanente, m'attachant à voir le côté positif des situations et à apprécier les petites joies de la vie.

Je fais de ma sensibilité une force, une alliée, une muse. Je l'exprime dans l'art. Magnifique thérapie grâce à laquelle je crée et me guéris.

Les plus grands artistes comme les poètes, les créateurs, les inventeurs, les visionnaires, les sculpteurs ont puisé leurs talents et leurs inspirations dans l'énergie extraordinairement féconde de la Lune.

En acceptant cette vision du monde où je passe en permanence de l'intériorité à l'extériorité, d'un ressenti à l'acte, je comprends tout de la vie et de ce grand principe du yin et du yang. Le plus bel exemple étant la fécondation de l'ovule et la conception de l'enfant dans le corps de sa mère, puis l'accouchement.

Ma vie spirituelle

Avec la Lune l'invitation est forte :

« Intéresse-toi aux mystères de la naissance, de la vie et de la mort. Intéresse-toi à tout ce que ton mental ne peut expliquer, ce que tes yeux physiques ne peuvent voir et que seul ton cœur capte et aime. » Il est important que j'assume pleinement ma vie humaine tout en accueillant ce monde imaginaire et invisible.

Je dois accepter que ma sensibilité n'est point une faiblesse, mais de la délicatesse. Elle me permet de diffuser partout où je passe de la beauté, de l'amour, de la douceur et de la grâce. J'utilise ce don pour embellir mon quotidien et éveiller les humains au sacré de la vie.

Je vois plus loin que les tours de ma maison, de mon village, de mes montagnes. J'élève mon regard empreint d'amour et le porte au loin, distinguant ainsi plus clairement ce qui se passe devant moi.

Je sors de l'étroitesse de mon monde intérieur. Je lui donne vie à l'extérieur par la peinture, la poésie et je respire. Je suis ainsi dans l'authentique échange et la vraie rencontre.

Totalement connectée à la source divine, nourrie par le sacré et acceptant le mystère, l'inconnu de la vie, j'emmagasine une énergie d'amour universelle qui apaise mon mental, enrichit mon émotionnel et libère ma parole. Cet amour, protégeant mon pouvoir créateur, permet à mon âme d'exister et me donne la joie de créer librement.

J'aime le monde et les autres comme un père bienveillant apportant la vibration yang, comme une mère attentionnée offrant la vibration yin. Je prends alors soin de l'autre, le respecte, l'affectionne et le traite bien.

Avec la Lune on touche à la vraie vibration de la sagesse et de la spiritualité fortifiée par la patience et la maturité.

J'ai conscience d'une vie au-delà de ce que mon mental connaît. Je mesure à sa juste valeur tous les possibles que cela ouvre. Je m'en enrichis et honore cette dimension.

Le Soleil
Je rayonne

Les mots-clefs

*Contact avec son soi intérieur, rayonnement, partage, bienveillance, authenticité, bonheur, joie, clairvoyance, enthousiasme, empathie, chaleur, fraternité, amour des autres, prise de sa juste place, grande énergie yang, grand intérêt de la vie sociale, politique, associative, conscience profonde du rôle de père, charisme, aisance en société, grande confiance en soi.

*Pas de communication avec soi, ni avec les autres, tristesse, rayonnement en berne, timidité maladive, pleurs fréquents, agoraphobie, syndrome du jumeau perdu, sentiment profond d'être mal aimé, refus du rôle de père, dévalorisation totale du rôle de père, confusion, fermeture d'esprit, besoin de reconnaissance permanent, orgueil, en représentation théâtrale, excentrique, envahissant ou effacement total, perte totale de confiance en soi, peurs.

*« Il y a toujours du soleil au-dessus des nuages.
Il faut juste savoir prendre de la hauteur. »*
Denis Luc

Un jour de pluie et de vent froid je me suis mise en quête de le trouver. Je l'ai cherché partout, derrière les forêts, sous les océans ; je l'ai appelé du haut des montagnes. Je l'ai supplié, regardant les nuages, de venir me réchauffer, me réconforter, en vain. Il était définitivement hors de ma vie, inaccessible, introuvable.

C'est alors qu'une voix ou peut-être un chant fendit le silence de mon Être amenant à ma conscience sa cachette : le soleil vivait en moi, le seul lieu où je n'avais pas cherché était l'endroit secret et sacré de mon Être.

Je m'assis alors sur la terre et écoutai ses paroles :

« Tu es soleil, cet astre chaleureux, rayonnant, puissant, vibre en toi. Accueille son énergie solaire, approprie-toi sa force et sens comme la confiance s'installe, confiance en toi, en la vie, dans les autres. Ressens dans ton cœur tout l'amour pour toi même, laisse-le rayonner vers les autres et il se transformera en joie immense. Ce soleil nourrit tes racines terrestres et t'aide à prendre ta place dans la société. Son rayonnement t'élève près de la source céleste et te pousse à une grande reconnaissance de la vie et de ses bienfaits pour toi ».

Alors, je me suis endormi, mes bras fermés sous ma poitrine, protégeant avec tendresse mon soleil intérieur.

Mon corps

Plus je reconnais que je suis béni des dieux, plus ma santé en bénéficie.

Ma gratitude envers l'univers fortifie ma bonne santé, favorise mon rayonnement et le bonheur d'exister.

Lorsque je me considère comme étant la perfection par rapport à mon histoire, par rapport à ce que j'ai été dans différentes incarnations, je suis à ma juste place, mon corps trouve son équilibre dans l'espace. De ce fait, mon squelette s'articule parfaitement autour de ma colonne vertébrale. En acceptant avec conscience et humilité mon incarnation, dans ce corps-là, à cet endroit-là, je considère ma vie comme étant idéale pour mon évolution.

Par contre quand je ne vais pas bien, tout mon corps en souffre profondément. Il peut être en proie à de terribles bouffées de chaleur, j'ai l'impression de me consumer de l'intérieur. Mes chakras et particulièrement celui du cœur peuvent se bloquer ; mon incroyable énergie ne circule plus. Elle stagne alors au niveau de mon buste, occasionnant un réel mal-être. Mon énergie qui reste bloquée entre la gorge et le chakra racine perturbe tous les organes. Mon plexus solaire risque de se coincer, créant un poids, une boule à l'estomac ; rien ne passe, je ne peux plus parler, je ne peux plus manger ni évacuer ! À la longue cela peut avoir des répercussions sur ma colonne vertébrale et les vertèbres, avec des points particulièrement douloureux.

L'automne peut être une période compliquée, car le soleil brille moins, se voile. J'ai l'impression d'être en baisse d'énergie, de ne plus être nourri. Je prends conscience qu'en chacun de nous il y a un soleil que l'on peut aller chercher pour se ressourcer. Cela permet de ne pas avoir l'impression que l'on va tomber en panne d'énergie. La méditation du matin quand le soleil est au plus haut aide à se ressourcer. Je peux aussi apprendre à visualiser mon propre soleil intérieur afin de savoir comment l'allumer.

Il m'est indispensable de prendre soin de mon corps, de laisser le soleil le chauffer et rayonner le beau, le chaud pour l'amour de moi-même, l'amour de la vie et des autres.

Mes émotions

Si j'ai conscience de l'amour que j'ai en moi, de toutes les potentialités que la vie m'a données pour être heureux et rendre les autres heureux, alors je rayonne comme le soleil, le bonheur, la chaleur humaine, la bienveillance.

J'ai tellement d'Amour, de compassion et d'énergie que j'illumine tout sur mon passage. Tout m'enchante, tout m'émerveille, j'aime pleinement et montre une réelle gratitude pour la vie, la terre et tous les cadeaux qu'elle me fait, même les plus petits. Je m'efforce de distribuer cette grande joie et d'offrir, à mon entourage, cette plénitude :

Soit j'utilise cette puissance uniquement pour moi et en fais un pouvoir dans le seul but de me servir, de m'enrichir personnellement sous toutes ses formes. Soit je comprends que je suis un émetteur et distribue tout ce que je reçois à tous ceux que je côtoie dans les différents domaines de ma vie : le monde humain, végétal, minéral, animal.

Je suis dans l'équilibre et en harmonie lorsque les autres autour de moi sont heureux et que tout respire la joie. Plein d'empathie, de compassion et d'Amour, je prends plaisir à ensoleiller les jours de tout un chacun. Conscient de mes rêves d'enfant et de leur importance, j'en tiens compte et prends soin de mon Être profond en l'écoutant et en cherchant à le guérir quand celui-ci montre des signes de mal-être.

Lorsque je ne tiens pas compte de mes aspirations profondes, de ce que me murmure mon âme, ma tristesse et mon désarroi sont aussi forts que l'est mon rayonnement. Je deviens un soleil qui pleure, insatisfait de sa vie. Je m'éteins. Ce ressenti ne me permet pas d'être dans une amplitude énergétique indispensable à mon accomplissement. Je me sens comme pris au piège dans une vie qui ne me correspond pas.

La clef est en moi. Je dois impérativement aller au centre de moi-même pour mettre le doigt sur ce qui cloche. J'ouvre les yeux, m'écoute profondément, avec le plus grand respect, fais le tri entre ce qui m'appartient, m'enchante et ce qui ne me correspond pas, gaspille mon énergie et me consume.

Je dois oser retrouver mes rêves, reprendre mon chemin. Ce n'est pas une tâche simple pour moi, altruiste, car j'ai peur de décevoir ceux que j'aime. Je n'ai pas le choix, si je veux pouvoir à nouveau me rallumer et vivre ma vie dans une joie profonde.

Cette puissance solaire peut parfois m'aveugler et transformer mon altruisme en égocentrisme. Moi, moi et encore moi ! Je ne pense qu'à moi et à briller. Ma lumière n'est pas alors une lumière nourrie d'amour, mais alimentée par les feux de la gloire et du pouvoir. Attention, je pourrais bien connaître les mêmes déboires qu'Icare qui s'est brûlé les ailes et a chu plus bas que terre à vouloir trop s'approcher du soleil ! Dans ce cas-là, ma lumière risque de m'aveugler, j'en deviens déraisonnable, voir fou. Mes projets sont alors ceux d'un mégalo, tout est démesuré !

Ma vie spirituelle

Conscience solaire, conscience divine, on touche ici le macrocosme*, alors il est indispensable et incontournable que j'aie une conscience spirituelle afin de ne pas rester enfermé dans l'ego, ce qui ferait de mon Être un narcissique puant.

Être un Soleil n'est pas un cadeau, mais un mérite après plusieurs expériences karmiques dans lesquelles on intègre la valeur de l'humilité, de la modestie et le sens de la collectivité afin de donner au travail du soleil son vrai sens humain : le partage, l'amour, le soutien, le don.

Le Soleil est un roi bienveillant quand il a pris conscience que chacun de nous n'est roi que de lui-même. Je sais que mon empire s'arrête aux limites de mon propre corps, de mon propre émotionnel. J'ai compris que, pas plus le monde humain que les mondes végétal, animal, minéral, n'a de suprématie sur les autres.

Aussi en tant que Soleil je dois respecter chaque être vivant comme étant unique et sacré. Je lui reconnais un rôle dans ce grand Tout, je ne crois pas que certaines choses ou certains êtres sont insignifiants.

Donc, mon corps, mon émotionnel, mon esprit sont les seuls pays dont je suis le Roi, dont je suis le Maître. Cela me confère une grande humilité, l'amour de tout et des autres.

Alors, nourri par cette joie profonde, je distribue, je rayonne avec générosité, sans peur de perdre mon énergie spirituelle et solaire, car celle-ci se renouvelle en permanence.

Petit exercice spirituel face au soleil : bras levés vers le soleil, je me remplis de toute l'énergie spirituelle, de toute la richesse, de toute l'abondance dont j'ai besoin pour me nourrir, me guérir et être dans la joie profonde.

Le Jugement
J'éveille ma conscience et me régénère

Les mots-clefs

*Grande spiritualité, contact avec la partie la plus subtile de l'être, foi totale, être illuminé, médiumnité, sens de l'équité, croyance en la régénération de tout, conscience élevée des questions de vie et de mort, relativisation des problèmes, défense des plus faibles, notoriété, grand communiquant, éveil spirituel, amour de la musique, sensibilité aux vibrations des sons, accès à sa vocation.

*Jugements, critiques, culpabilité, obsession de la mort, causticité, peur du peuple, méfiance par rapport aux sciences occultes, manque total de spiritualité, désorientation et perte de sens dans le temps et l'espace, difficulté à trouver sa voie, envie et jalousie, aversion totale de tout ce qui est religieux, attitude de dictateur humain et spirituel, certitude de détenir la vérité.

> *« Il faut avoir bien du jugement pour sentir que nous n'en avons point. »*
>
> Marivaux

J'ai entendu l'appel, celui qui réveille ma sensibilité profonde en amenant au bord des yeux l'émotion douce du bonheur, c'est l'appel de mon âme dont je vous livre le message :

« Tel un oiseau monte au-dessus de la forêt, élève-toi au-dessus de tes souffrances, tes craintes, tes a priori »

Et voilà que mes douleurs s'estompent, mes peurs s'éloignent, je me sens dégagé de mes ruminations.

Je claironne et je chante, régénéré par un nouveau souffle, je vais à la rencontre des autres dans la joie et la gratitude.

J'accueille en moi comme un cadeau du ciel l'intuition et l'inspiration qui sont mes sources de créativité et éveillent au plus haut niveau ma conscience.

Mon corps

Grâce au Soleil, je me considère à ma juste valeur, dans la reconnaissance de qui je suis, sans me surévaluer et sans me dévaluer.

Le Jugement m'invite à revenir avec discrétion et humilité dans l'intimité de mon Être. Ce recueillement* m'évite de briller excessivement et de me perdre dans le culte de moi-même. Aussi, travailler en conscience ma respiration m'aide à habiter pleinement mon enveloppe corporelle et à en ressentir les limites. Je réalise ainsi que ma place est infiniment petite par rapport à l'immensité de l'Univers.

Je respire à pleins poumons la joie de vivre et mon incarnation me permet de bénéficier d'une grande énergie vitale comme d'une excellente santé.

Quand la qualité de ma voix reflète la joie de mon cœur, j'offre le souffle de vie grâce aux vibrations des sons émis. Ma parole et les chants de mon âme insufflent la paix et la guérison.

Mon énergie est nourrie par la qualité de l'air que je respire. Il est donc important d'apprendre à bien m'oxygéner, pour que toutes les parties de mon corps en bénéficient. Une profonde inspiration et expiration masse mes organes internes et favorise leur bon fonctionnement. Mon énergie vitale est ainsi régénérée, elle favorise l'évacuation de tous les déchets qui encrassent mon corps.

Le rythme régulier de ma respiration qui entretient la vie est une des clefs de mon bien-être.

Quand ma respiration se bloque, c'est tout mon corps qui souffre, le stress stagne en moi et démarre alors son travail destructeur. Mon corps semble vidé comme si on m'avait siphonné de mon énergie vitale ! Des émotions trop fortes, mal gérées ont une répercussion immédiate sur la physiologie de mon corps. Perdre ma voix m'alerte sur un état de fatigue extrême, il est temps d'amorcer un changement profond afin de prendre de nouvelles et bienfaisantes habitudes.

Mes émotions

Le Jugement vient amener de la discrétion, du ténu à l'éclat du Soleil par la remise en question.

M'interroger, sur les questions fondamentales de la vie, de la mort, me permet de relativiser les évènements de ma vie.

L'importance que j'attache à mon apparence se transforme en une image plus naturelle et authentique.

Je suis souvent touché au plus profond de moi par tout ce qui vient de l'extérieur. Tout me pousse à appréhender les questions fondamentales de la vie, et de l'existence avec profondeur.

Par l'intérêt que je porte à la philosophie je suis amené à voir les choses différemment. J'apprends à donner plus d'importance à mon intuition, à tenir compte de mon inspiration et de mes ressentis. Cela vient éclairer mon raisonnement, apporte un sens profond à ma vie, et m'apaise.

Si j'accepte d'aborder ces questions fondamentales, si je me remets en question alors mon cœur est en joie et mes émotions deviennent douces. Je comprends que je dois écouter au fond de moi la voix de mon âme, afin de choisir ce que je laisse mourir et ce à quoi je dois renaître !

Le son de la trompette de l'ange du Jugement est là pour nous appeler à cette remise en question et nous ouvrir au nouveau, au meilleur.

Par contre si je m'entête dans mes vieux fonctionnements, je me coupe de toute communication, je me culpabilise, je me juge et je juge les autres, cherchant à imposer ma façon de voir la vie. Mon cœur peut saigner et pleurer de devoir faire fi d'un changement bénéfique indispensable, mon ego, lui, ravi, s'enorgueillit et se comporte en véritable dictateur.

À l'extrême, je suis inconsciemment attiré par tout ce qui est dur, soudain, brutal, pour réveiller ma conscience.

Pour guérir, je dois sortir des jugements et de la culpabilité, renaître tel le nourrisson qui n'est qu'Amour, parfait. Retrouver cet état en moi, mon « je suis », m'installe dans un Amour

Inconditionnel, la compassion, la paix et la sérénité.

Ma vie spirituelle

Je me mets en contact avec ma musique intérieure afin qu'elle apporte une dimension supérieure à mon image : la profondeur, la sagesse, le calme et la beauté de l'Être spirituel. Immédiatement, l'effet induit par la remise en question se fait sentir. La montée vibratoire qui en découle me donne une vibration plus douce et plus angélique. Cela permet d'expérimenter l'état de grâce. Dans cet état de très haute vibration où tout n'est qu'Amour Inconditionnel, mon Être sort définitivement de toute peur, de tout doute et de la culpabilité.

Je rayonne d'une telle lumière que je ne suis plus qu'amour et sagesse.

Du plus haut sommet de moi-même, je vibre cet état de grâce*, tout devient simple, léger. Je peux alors transmettre ma sagesse, éveiller les consciences. Je suis canal, messager entre les Hommes et les anges, entre la Terre et le Ciel, la matière et l'esprit. Je comprends alors le dur chemin de chacun ici-bas et ne veux que le salut des hommes, respectant leur libre arbitre et leur niveau d'éveil de conscience.

Je me sens en capacité d'aimer tous les Êtres qui peuplent la terre, du plus petit au plus grand.

Ma vision éclairée et sage me permet d'avoir une compréhension globale de toutes choses. Je suis dans une profonde gratitude, compassion et humilité.

Je suis en mesure de voir la tristesse, la violence, les déviances des humains et de les accompagner sur un chemin de libération.

Et l'ange dit : « Je t'attends, ouvre la porte, ne crains pas de regarder au plus profond de ton âme, tes peurs, tes doutes ; regarde la mort comme une ouverture vers une autre vie, une occasion de continuer la libération de ton Être et de t'élever. Laisse la musique apaiser ton mental, nourrir ton corps et enrichir ton cœur. Ton âme s'éveillera au subtil et les mondes inconnus de lumière te recevront dans l'allégresse. Seule la volonté de regarder dans sa plus grande nudité le faible, le mauvais, les blocages, amène la profonde remise en question, authentique et tu verras enfin qui tu es. Alors tu pourras, par une connexion sincère au subtil, au plus élevé, à ton "moi supérieur", raccommoder, cicatriser tes blessures. Tu mourras à l'ancien pour naître au nouveau. Ainsi le cœur léger, la vue claire et le pas sûr tu avanceras vers le nirvana* et tu pourras éveiller les consciences. »

Le Monde

Je m'équilibre et me réalise

Les mots-clefs

*Épanouissement, réalisation, plénitude, confiance en soi, bien à sa place, équilibre avec les quatre éléments, appartenance aux mondes, bienveillance et fraternité, amour des autres, créativité, capacités artistiques et énergétiques, amour du beau, joie intense, aisance dans la vie, foi en l'abondance universelle, foi en la bienveillance universelle, optimisme, enthousiasme, tolérance, conscience de macrocosme et du microcosme.

*Enfermement dans son monde, hautain, perte d'identité, intolérant, refus de la joie et de l'amour, exclusion, destructeur, raciste, enfermé dans ses idéaux, pédant, nombrilisme, narcissisme, pessimisme, défaitisme, peurs, frilosité, doutes, perte totale d'énergie vitale, dépérissement, sclérose des sentiments.

« Si la couronne tressée de laurier augure traditionnellement du succès d'une entreprise ou d'une réussite personnelle, elle symbolise ici un sentiment de plénitude et d'épanouissement, une symbiose entre l'être et son milieu naturel. »

Tarot et santé, Florian Parisse.

Dans quel monde je vis ?

Je vis dans le monde que je vois à travers ma lorgnette.

Ma lorgnette a plusieurs facettes : l'optimisme, le pessimisme, la joie, la tristesse, la peur, la confiance.

Si je vois avec tristesse le monde, alors tout dans ma vie me paraîtra triste et difficile, mais si je le vois joyeux alors tout me semblera heureux et facile à maîtriser.

Le monde extérieur est le reflet de mon monde intérieur.

Aussi, plus je prends soin de mon monde intérieur plus le monde extérieur prend les mêmes couleurs. Alors je vais veiller à ce que mes pensées soient saines et bienveillantes, mes sentiments aimants et reconnaissants, mes paroles justes et mes actes chaleureux envers la nature et tous les êtres qui m'entourent.

Pour m'y aider les grands Maîtres des quatre éléments de la Terre, l'Eau, l'Air et le Feu me guident, me soutiennent dans cette connexion aux humains, à la nature et à tous les mondes parallèles.

En accueillant ce soutien, mon soleil intérieur rayonne, danse et chante la vie sans jamais la subir.

Mon corps

Je me sens à ma place, dans ma force, bien ramassé dans mon Être. Dans un parfait équilibre entre les quatre éléments, je me tiens physiquement équilibré, en totale possession de mes énergies.

Je suis en pleine santé, une atmosphère de plénitude, de créativité et de beauté émanent de mon Être.

Je suis au centre de tout, de l'Univers, du monde, et de tous les mondes, végétal, minéral, animal et humain bénéficiant de leur incroyable énergie. Cette énergie vient nourrir tous mes chakras et forme autour de moi un œuf de lumière qui me rend magnétique. Mon aura, cette bulle énergétique qui entoure mon corps, qui vibre, me protège et permet les échanges d'ordre subtil.

Je ne dois surtout pas craindre de perdre cette énergie, je dois accepter de la laisser circuler librement dans tout mon corps et en faire profiter mon entourage. Si je redoute d'en manquer, je la bloque. Ce trop-plein d'énergie stagnante abîme mon aura qui devient poreuse. Mon corps compense soit en accumulant des kilos agissant comme une carapace, soit en cherchant à devenir transparent en perdant des kilos.

Lorsque je suis en déséquilibre, je me sens soit perdu dans l'espace, soit enfermé dans mon monde. Ma vibration s'éteint, mon corps dégage une impression de faiblesse, de tristesse.

Dans ce cas-là je dois m'équilibrer énergétiquement. Pour ce faire je travaille avec les quatre éléments : la Terre, le Feu, l'Eau et l'Air. Chacun m'apporte dans son domaine respectif un centrage puissant.

L'élément Terre m'aide à prendre soin de mon corps, à concrétiser mes projets, à assumer une profession, à m'occuper de ma famille.

L'élément Feu m'aide à utiliser les énergies de vie.

L'élément Eau m'aide à gérer mes émotions.

L'élément Air m'aide à communiquer, échanger et réfléchir.

En allant dans la nature, en me nourrissant de ses beautés et en laissant mon corps être touché par ces éléments, je me fortifie.

Mes émotions

L'énergie d'amour qui vibre en moi m'aide à être en paix, car elle m'amène un sentiment de plénitude, de bien-être, d'intérêt pour moi et pour les autres.

Je laisse mes émotions vivre en moi, je les regarde, je les ressens et leur donne vie en créant par l'art sous toutes ses formes.

Quand je vis bien l'énergie du Monde, j'aime la vie, je donne de l'amour aux autres, engendre la plénitude, l'abondance et la réalisation totale. Par l'amour qui m'anime, tout me réussit, car l'amour favorise la réalisation de toute chose.

À l'inverse, quand je ne suis pas en harmonie avec moi-même, je reste enfermé dans mon petit monde, je m'exclus du monde extérieur, me sens mal aimé. Je dois d'abord accepter les autres tels qu'ils sont même imparfaits. Je dois ouvrir mon cœur sans craindre d'être rejeté et travailler avec les éléments.

L'élément Air : être bien en contact avec moi et en communication avec les autres.

L'élément Eau : travailler l'équilibre émotionnel en étant juste avec moi-même. Je tiens compte de ce que je ressens.

L'élément Feu : m'appuyer sur l'énergie que je reçois pour donner vie à tous mes souhaits.

L'élément Terre : donner forme à mes désirs dans toutes les réalisations de ma vie.

Je dois veiller à nourrir mon monde intérieur. Ainsi en prenant soin de mon Être authentique au centre de moi-même, je ne m'occupe pas exagérément du monde extérieur. Prendre soin de ce qui anime profondément mon cœur, me procure une richesse sacrée, une stabilité puissante et solide. Mon monde extérieur peut alors changer sans que cela me bouleverse outre mesure.

Cette richesse intérieure me permet de faire face aux vicissitudes de la vie. Je ne m'effondre pas devant le temps qui passe et qui emporte tout sur son passage, mes amours, mes amis, mon statut, ma beauté, ma jeunesse.

Ma vie spirituelle

En m'ouvrant à la beauté, à l'art, à la nature, mon âme danse et mes yeux se mouillent d'une émotion telle que mon cœur explose d'amour pour moi, pour la nature, pour les autres et pour l'univers, le connu et l'inconnu.

La méditation me permet de voyager dans mon monde et m'emporte à la rencontre d'autres mondes. Je me sens dans une force d'amour que les mots ne savent pas traduire.

Riche de la découverte de mon propre monde intérieur, nourri par toutes les énergies qui constituent notre terre, vivant l'amour au-delà de celui des humains, sans fioritures sentimentales, sans attente de reconnaissance, je suis dans l'accomplissement.

Je ne risque rien à trop aimer, je ne crains pas de n'avoir aucun retour de l'amour que j'offre, car je me nourris de l'amour que je donne aux autres. L'amour est comme un boomerang il me revient tout le temps avec plus de force si je le distribue sans relâche avec sincérité.

Aimons, aimons et nous grandirons heureux.

Avec le Monde nous avons la capacité d'ouvrir notre conscience et notre regard à plus grand. Nous sommes au centre du monde, de tous les mondes. Nous avons la possibilité de devenir l'Être complet qui intègre toute la sagesse des différents mondes avec lesquels il est en lien permanent. C'est l'accomplissement, la plénitude, la conscientisation de tous les enseignements des lois universelles de Sagesse transmises par le Tarot et la vie.

Le Mat

Je vis sereinement mon originalité

Les mots-clefs

*Constructeur, bâtisseur de sa vie, but précis défini qui aimante et guide sa vie, original, autodidacte, électron libre, conscient de sa responsabilité en tout ce qu'il vit, autonome, ancré mais détaché de la matière, génial, sage, sans peur, simple, humble, plein d'amour, empathie, médium, connecté à la nature, chaman, au service du monde et des autres, visionnaire, prophète défiant les lois des hommes, total accord avec qui il est.

*Destructeur, rebelle, clochard sans but, fou, diviseur, irresponsable, errant, sans foi ni loi, sans but, sans amour, matérialiste ou marginal sans identité, détaché de tout et perdu, agitateur social, anarchiste, parasite.

> *« D'un point de vue métaphysique, notre extra-terrestre aux habits d'arlequin est "hors norme", il est tellement inclassable, en dehors des sentiers battus, qu'il ne porte pas de numéro à l'instar du joker du jeu de tarot traditionnel dont il partage le bonnet : il personnifie un "entre-deux-mondes", il caricature le trait d'union entre le Monde et le Bateleur, il s'échappe du monde pour se réincarner en bateleur, initiant ainsi un nouveau cycle. Cet arcane majeur exprime toute sa quintessence au travers du principe de la réincarnation de l'âme. Aux frontières du réel, il est l'âme qui poursuit son voyage par-delà la sphère terrestre »*
> *Tarot et santé*, Florian Parisse.

Quand les vicissitudes de la vie n'auront plus de prise sur moi.

Quand je n'aurai plus de souffrance de l'ego, que je n'aurai plus d'amertume, de remord, de peur pour ma vie, mon devenir, je serai alors un Être accompli et plus rien ne viendra arrêter mon voyage vers le cristal de moi-même, vers la paix profonde et l'allégresse éternelle.

Je n'ai pas peur de tout laisser là, de me défaire de toutes mes possessions, car toute ma richesse est là : en moi, autour de moi, dans chaque chose, dans toute vie.

Lorsque la connexion avec moi-même sera évidente comme celle avec la nature, avec les humains, avec l'air que je respire, que j'aurai réalisé que la Source* de toute lumière est en moi et que donc je ne risque rien, alors de vagabond je passerai à explorateur de l'âme sans attente, sans effort, sans moyen autre que l'amour.

Si le Mat n'arrive pas à ce vécu, il devra revenir revivre des émotions fortes pour trouver à travers elles la force, l'équilibre, l'amour infini et la sagesse.

Marie Odile Dubos

Mon corps

Moi, le Mat marcheur infatigable termine mon premier voyage après être passé par toutes les leçons de chaque lame du tarot :

Soit je parcours tout ce chemin avec intérêt pour tout et respect pour chaque enseignement perçu et je suis alors tel un sage qui avance en mettant mon génie et ma marginalité au service de ma lumière intérieure et de l'amour quoi que j'affronte dans ma vie. J'ai compris que les choses matérielles sont éphémères et que seule l'évolution de mon âme peut m'apporter réalisation, joie et plénitude. Mon but étant défini, je prends tous les chemins, essaie toutes les expériences. Mon corps est souple, décontracté et chaleureux.

Soit je parcours tout ce chemin sans prêter intérêt à quoi que ce soit et sans tirer les leçons des expériences vécues. Je suis alors le destructeur sans domicile fixe, sans dignité au service de mes tourments de mes zones d'ombre qui me dévorent et m'affaiblissent au fil de ma vie. Mon apparence physique s'en ressent beaucoup, le plus spectaculaire est mon aspect physique très marqué. Perdu, seul, loin de tout, j'erre avec un corps qui tient comme il peut, qui résiste tant bien que mal et est à bout de force. Je peux vieillir avant l'âge à cause de mes mauvaises habitudes et des excès en tout genre. Je me comporte de façon déraisonnable avec moi-même, rien ni personne n'arrive à me raisonner : je peux errer dans ma vie comme un malheureux, courant après l'argent et la réussite, ou à l'inverse, je fuis la société et toute responsabilité.

Je dois surtout garder les pieds sur terre, m'assumer physiquement, travailler mon ancrage. Il m'est recommandé de m'impliquer dans mes vies de famille, professionnelle et sociale.

Alors je suis un Être accompli fier de son chemin et de son bagage !

Mes émotions

L'Amour fait de moi un Être sensible à toute beauté, poésie, art.

Je m'émeus de tout et pourtant ne crains rien. J'ai compris que ma mission est d'évoluer, de me guérir de l'ego et de mes peurs. Je sais que je ne risque rien, je peux juste m'enrichir de nouvelles expériences.

Mon but, tel un phare illuminé me conduira quoi qu'il arrive, quels que soient les chemins que je prends, là où mon destin m'attend, là où je dois être ! De ce fait je dégage un sentiment de paix profonde et réelle.

Je cherche juste à être dans la vie, le plus vrai, le plus bienveillant, le plus confiant possible afin de ne faire de mal à personne, afin de ne blesser aucune âme.

Mes émotions sont simples et belles et toujours en lien avec la nature et ses messages.

Mal vécu, je sème la zizanie, fuis devant mes responsabilités, suis mentalement perturbé, angoissé, torturé. Je peux même aller jusqu'à la folie !

Je dois reconsidérer mes potentialités, mes outils, trouver un but et m'engager dans mon projet en le menant avec amour.

Je n'oublie pas de me donner avant toute chose cet amour, car plus je m'aime plus je prends soin de moi et plus je suis capable d'aimer les autres.

Ma vie spirituelle

Personnage atypique, le Mat invite chacun à se questionner sur le vrai sens de la vie : qu'est-ce que la richesse ? Qu'est-ce que la sagesse et la spiritualité ? Qu'est-ce que la marginalité ? Qu'est-ce que le juste ? Tant de questions auxquelles je suis amené à répondre tout au long de ma vie.

De ce fait j'accepte toute expérience me permettant d'éclairer ma conscience et de résoudre ces énigmes au fil de mon vécu, de tous mes voyages, de toutes mes relations. Je tire les leçons de cette vie, mais aussi de toutes mes autres incarnations.

Je me balade dans la vie et je suis partout chez moi, car j'ai fait ce chemin d'intériorisation à la rencontre de mon âme, qui me permet d'avoir confiance en moi et en qui je suis. J'accepte, j'accueille ce que la vie m'apporte comme une nouvelle opportunité de grandir, de m'éveiller et de m'enrichir de plus de sagesse.

J'ai la faculté d'être partout et nulle part à la fois, je ne crains rien, car j'ai compris la plus importante des leçons : puisque la source de lumière est en moi, personne n'est contre moi.

Au bout de mon chemin de vie je dois me poser l'ultime question : m'arrêter là ou revenir une fois encore pour éclairer et ouvrir la conscience des hommes ? M'appuyant sur tous les secrets et les grandes lois de la vie sur Terre et de l'Univers, je choisis, en conscience, ma voie.

Gratitude

Marie-Odile Dubos

Je remercie mon amie Maëva pour tout ce partage de travail, écrire ce livre avec toi a été un vrai bonheur.

Merci également à toutes les personnes qui, de près ou de loin, ont participé à sa naissance.

Maëva Maïre

Je remercie mon amie Marie Odile avec qui j'ai eu la grande joie de travailler à la rédaction de ce livre. Quel bonheur de partager ces moments avec toi. Je remercie aussi Anne-Catherine Guervel pour son incroyable travail de mise en page et toutes les personnes qui ont contribué à donner vie à ce livre dont Maxime, mon fils, pour les schémas des « étoiles de vie ».

Nous remercions tout particulièrement Marie Pierre Tornel pour son travail de béta lectrice et Christelle pour la magnifique photo qui a inspiré le dessin de la couverture.

Contacter les auteures

Maëva Maïre

✉ maevamaire.bao@gmail.com

Marie-Odile Dubos

✉ odilondubos@gmail.com

Lexique

- **Abyssal :** profond gigantesque.
- **Amour inconditionnel** : Amour donné sans rien attendre en retour.
- **Ancrage** : enracinement.
- **Arcane** : « mystère ». Arcane ou lame ou carte.
- **Bénir** : louer, recevoir la grâce et la protection divine.
- **Céleste** : énergie qui vient du Ciel.
- **Centres énergétiques** : chakras.
- **Chakras** : centres énergétiques.
- **Clairvoyance** : capacité à voir très clair dans la réalité comme dans l'invisible.
- **Courants spirituels** : enseignements, théories.
- **Dimensionnel** : niveau élevé de conscience.
- **Dysharmonies** : discordances.
- **Équité** : impartialité, probité.
- **État de grâce** : état de béatitude et de protection divine.
- **Êtreté** : avoir conscience de posséder une âme au plus profond de soi.
- **Éveil** : ouverture d'esprit à une conscience différente.
- **Introspection** : plongeon au plus profond de soi.

* **Karmique** : vie antérieure.

* **Macrocosme** : monde de l'infiniment grand.

* **Matière** : forme densifiée de l'énergie.

* **Méridiens** : canaux énergétiques du corps humain en médecine traditionnelle chinoise.

* **Mondes éthériques** : mondes de l'invisible.

* **Nirvana** : état de conscience très élevé, illumination, éveil.

* **Pardon (universel)** : détachement de la charge émotionnelle liée à un évènement traumatisant.

* **Plans de conscience** : différents niveaux d'appréhension de la vie.

* **Pleine conscience** : état d'« ici et maintenant ».

* **Pragmatique** : qui permet un travail pratique, concret.

* **Qi** : énergie vitale en énergétique chinoise.

* **Réalité universelle** : appartenance au Tout.

* **Recueillement** : état de prière, de centrage en soi.

* **Ressentis** : émotions, informations reçues par le cœur.

* **Sans fioriture** : sans enjolivement.

* **Source** : origine.

* **Source Divine** : source originelle et universelle.

* **Spiritualiser la matière** : embellir, amener de la poésie en toute chose.

* **Tellurique** : énergie qui vient de la Terre.

* **Transcender** : transformer à un niveau élevé.
* **Unir** : réconcilier, harmoniser.
* **Unité** : cf. unir.
* **Verticalisé** : aligné entre le Ciel et la Terre.
* **Yin et yang** : principe féminin et principe masculin, complémentaires.

Table des matières

Bienvenue 6
Les auteures 8
Vocation du livre 11

PARTIE 1 - ÉTOILES DE VIE

1. Étoile humaine 15
   Sphère humaine, définitions et calculs 15
   Exemples de calculs de l'étoile humaine 17
   Sphère spirituelle, définitions et calculs 18
   Exemples de calculs 20

2. Étoile de l'âme 21
   Définitions et calculs 21
      Les Atouts 21
      Les Tunnels 21
      Les Sésames 22
      Croisée des chemins 22
      Les Voies de Libération 23

3. Présentation des étoiles de vie 27
   Utilisation des Étoiles 28

4. L'énergie de chaque nouvelle année 29

PARTIE 2 - LES CONSEILS DES GRANDS MAÎTRES DES QUATRE ÉLÉMENTS ET DU GRAND MAÎTRE DE L'ÉTHER

Le grand maître de l'air 32
Le grand maître du feu 33
Le grand maître de la terre 33
Le grand maître de l'eau 34
Le grand maître de l'éther 34

1. Sphère humaine 35
   *Lame 1, Le Bateleur 35
   *Lame 2, La Papesse 35
   *Lame 3, L'Impératrice 36

*Lame 4, L'Empereur 36
*Lame 5, Le Pape 37
*Lame 6, L'Amoureux 37
*Lame 7, Le Chariot 38
*Lame 8, La Justice 39
*Lame 9, L'Hermite 39
*Lame 10, la Roue de Fortune 40
*Lame 11, La Force 40
*Lame 12, Le Pendu 41
*Lame 13, L'Arcane sans nom 41
*Lame 14, Tempérance 42
*Lame 15, Le Diable 43
*Lame 16, La Maison Dieu 43
*Lame 17, L'Étoile 44
*Lame 18, La Lune 45
*Lame 19, Le Soleil 45
*Lame 20, Le Jugement 46
*Lame 21, Le Monde 47
*Lame 22, Le Mat 47

2. Sphère spirituelle **49**
*Lame 1, Le Bateleur 49
*Lame 2, La Papesse 50
*Lame 3, L'Impératrice 50
*Lame 4, L'Empereur 51
*Lame 5, Le Pape 52
*Lame 6, L'Amoureux 53
*Lame 7, Le Chariot : 53
*Lame 8, La Justice 54
*Lame 9, L'Hermite 55
*Lame 10, La Roue de Fortune 56
*Lame 11, La Force 57
*Lame 12, Le Pendu 58
*Lame 13, l'Arcane sans Nom 59
*Lame 14, Tempérance 60
*Lame 15, Le Diable 61
*Lame 16, La Maison Dieu 61
*Lame 17, L'Étoile 62
*Lame 18, La Lune 63
*Lame 19, Le Soleil 64

*Lame 20, Le Jugement 66
*Lame 21, Le Monde 67
*Lame 22, Le Mat 68

PARTIE 3 - ÉCUEILS ET PROTECTIONS

1. Les écueils 73
    L'Impératrice, lame 3 73
    L'Empereur, lame 4 73
    Le Pape, lame 5 73
    L'Amoureux, lame 6 73
    Le Chariot lame 7 74
    La Justice, lame 8 74
    L'Hermite, lame 9 74
    La Roue de Fortune, lame 10 74
    La Force, lame 11 74
    Le Pendu, lame 12 74
    L'Arcane sans Nom, lame 13 75
    Tempérance, lame 14 75
    Diable, lame 15 75
    La Maison Dieu, lame 16 75
    L'Étoile, lame 17 75
    La Lune, lame 18 75
    Le Soleil, lame 19 76
    Le Jugement, lame 20 76
    Le Monde, lame 21 76
    Le Mat, lame 22 76

2. Les protections 77
    L'Impératrice, lame 3 77
    L'Empereur, lame 4 77
    Le Pape, lame 5 77
    L'Amoureux, lame 6 77
    Le Chariot lame 7 78
    La Justice, lame 8 78
    L'Hermite, lame 9 78
    La Roue de Fortune, lame 10 78
    La Force, lame 11 78
    Le Pendu, lame 12 79
    L'Arcane sans nom, lame 13 79

Tempérance, lame 14	79
Le Diable, lame 15	79
La Maison Dieu, lame 16	79
L'Étoile, lame 17	80
La Lune, lame 18	80
Le Soleil, lame 19	80
Le Jugement, lame 20	80
Le Monde, lame 21	80
Le Mat, lame 22	81

3. Cas particulier **83**

PARTIE 4 - EXEMPLES DE THÈMES

Thème 1 - Bérénice : 03/07/1980	86
Thème 2 - Gabriel 08/01/1958	93
Thème 3 - Benjamin 11/06/1977	99

PARTIE 5 - ÉTUDE HOLISTIQUE DES 22 LAMES MAJEURES

Le Bateleur **109**
   Mon corps 110
   Mes émotions 111
   Ma vie spirituelle 112

La Papesse **114**
   Mon corps 115
   Mes émotions 116
   Ma vie spirituelle 117

L'Impératrice **119**
   Mon corps 119
   Mes émotions 122
   Ma vie spirituelle 123

L'Empereur **124**
   Mon corps 125
   Mes émotions 126
   Ma vie spirituelle 127

Le Pape **129**
   Mon corps 130
   Mes émotions 131
   Ma vie spirituelle 132

L'Amoureux **134**
    Mon corps 136
    Mes émotions 137
    Ma vie spirituelle 138

Le Chariot **140**
    Mon corps 142
    Mes émotions 143
    Ma vie spirituelle 144

La Justice **146**
    Mon corps 148
    Mes émotions 149
    Ma vie spirituelle 150

L'Hermite **151**
    Mon corps 152
    Mes émotions 153
    Ma vie spirituelle 154

La Roue de Fortune **156**
    Mon corps 158
    Mes émotions 158
    Ma vie spirituelle 159

La Force **161**
    Mon corps 163
    Mes émotions 164
    Ma vie spirituelle 165

Le Pendu **167**
    Mon corps 168
    Mes émotions 170
    Ma vie spirituelle 171

L'Arcane sans Nom **172**
    Mon corps 174
    Mes émotions 175
    Ma vie spirituelle 176

Tempérance **178**
    Mon corps 179
    Mes émotions 180
    Ma vie spirituelle 181

Le Diable	**183**
Mon corps	185
Mes émotions	186
Ma spiritualité	187
La Maison Dieu	**189**
Mon corps	191
Mes émotions	192
Ma vie spirituelle	193
L'Étoile	**195**
Mon corps	196
Mes émotions	198
Ma vie spirituelle	199
La Lune	**201**
Mon corps	202
Mes émotions	204
Ma vie spirituelle	205
Le Soleil	**207**
Mon corps	209
Mes émotions	210
Ma vie spirituelle	212
Le Jugement	**214**
Mon corps	215
Mes émotions	216
Ma vie spirituelle	218
Le Monde	**220**
Mon corps	222
Mes émotions	223
Ma vie spirituelle	224
Le Mat	**226**
Mon corps	228
Mes émotions	229
Ma vie spirituelle	230
Gratitude	231
Contacter les auteures	232
Lexique	233

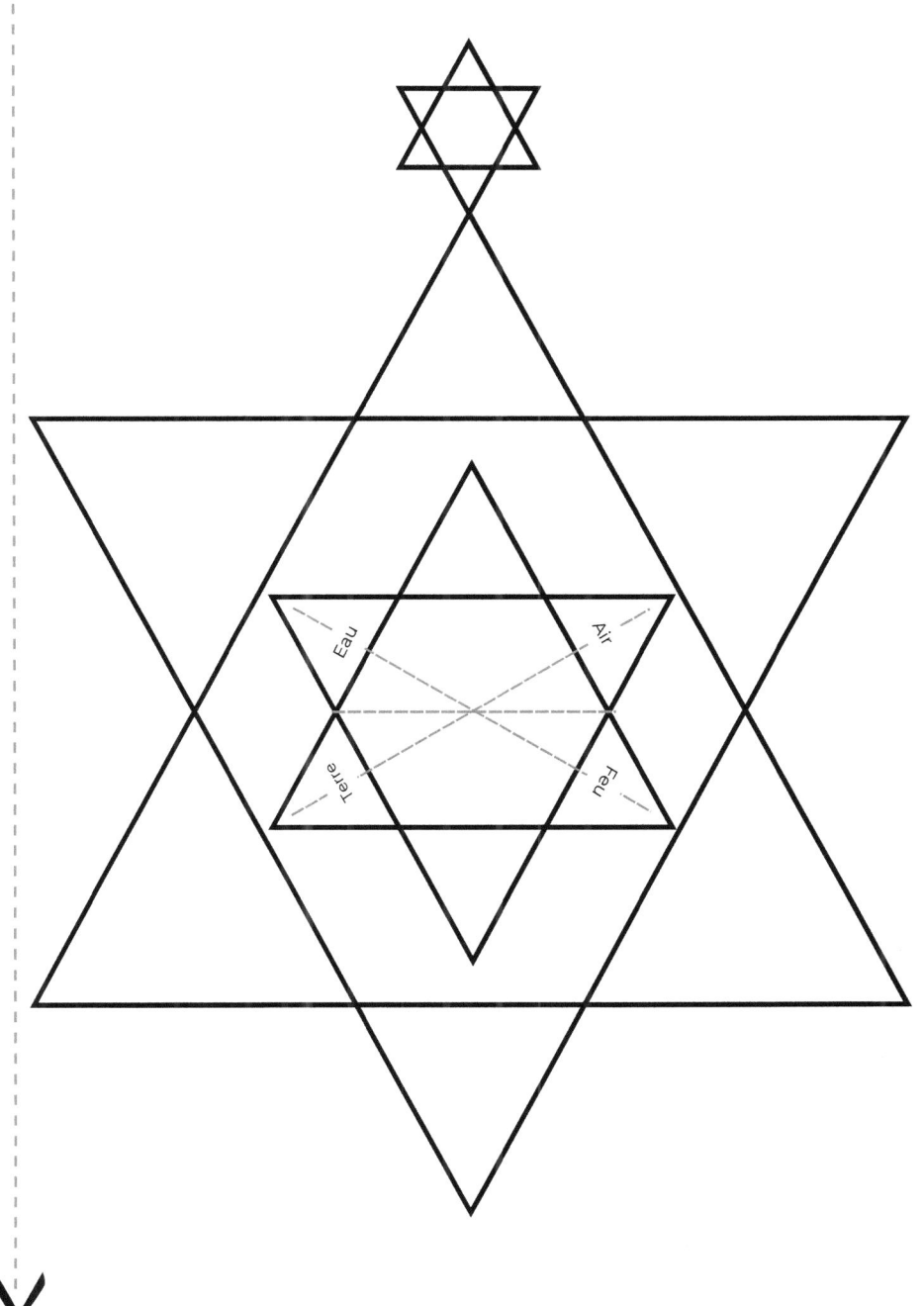